魅了する
科学実験
Scientific experiment

早稲田大学本庄高等学院
実験開発班

はじめに

子どもから出てくる「なぜ？」「どうして？」

「なぜ理科を勉強しなければならないの？」

「難しい数学が何の役に立つの？」

　学ぶ側から湧き出す疑問は、我々教える側に教育を見直す大変良い機会を与えてくれます。

　こうした疑問に、頭ごなしに「そんなこと言ってないで勉強しなさい」「いいから勉強しなさい」と言っても良い結果が出ないのは、多くの経験や研究結果・実験が物語っています。では、どうすれば素朴な疑問を科学への興味へと発展させることができるのか？　実は、今回この本を出版することになったのも、今我々が行っている教育の見直しが出発点になっています。

　そもそも、どうして子どもたちは、学ぶことに疑問を持ってしまうのでしょうか。その答えの1つは、学校で学んでいることと日常生活との関連性が見えず、学んだ知識や経験を生活の中で生かすことができていないからではないでしょうか。

　本来はこのような疑問が生じない授業が理想ではあるのですが、残念ながら教科書にはその答えはなく、多くの先生方も苦労されているのが現実です。また、教科書に書いてあることを理解させ・覚えさせることが授業そのものの目的になってしまっているということも、もう1つの原因かと思われます。

　本来、人間は生まれながらにして好奇心が旺盛であり、多くの親御さんは子どもから「何これ？」「どうして？」といった質問攻めにあった経験がおありのことと思います。子どものこの行動は、生きるための本能と言っても良いものです。親は子どもからの質問に何とかして答えてあげたい、できることならば、このような好奇心を持ち続けたまま大人になってほしいと、あの手この手で疑問に答えてきたのではないでしょうか。

　学校でも親御さんたちと同じように、いろいろなことに疑問を持ち、それを解決していく子どもを育てようと、あの手この手で子どもたちにアプローチしています。しかし、学年が上がるにつれ、覚えさせなければならないことが増え、チョークのみの授業が増えているのが現状です。しかし、このようなジレンマから脱出する方法を考え出すのも、もちろん教える側の責務です。

学ぶ意欲を生み出すフロー状態

では、どのようにしたら、「なぜ理科を勉強しなければならないの？」という疑問が生じない授業ができるようになるのでしょうか。その答えの1つは、心理学者のミハイ・チクセントミハイ（Mihaly Csikszentmihalyi）が提唱している「フロー理論」にあるように思います。

この理論に基づき世界的な成功を収めている会社の1つにレゴ社があります。私も数年前、デンマークにある本社で、レゴ社の教育理念を勉強し、実際にレゴ社の教育を体験してきました。レゴ社は「フローな状態で子どもは考える楽しさを体験する」と説いています。では、フローな状態とはどんな状態でしょうか。それは、「忘我の状態」です。つまり、我を忘れて何かに没頭している状態です。人をこの状態にさせるには、その人に合った明確な目的や環境を与える必要があります。

学習指導要領にもあるように、個々の知識や能力に応じた観察や実験などをさせ、その結果を分析・解釈して自らの考えを導き出し、それを人に伝え・議論する状況を作ってあげることなのです。教師はその道しるべを示すことが本分なのです。

この過程を楽しんだ子どもたちは、全身を使い、頭を使うことに楽しさを見出し、いろいろな事柄にそれまでの経験を当てはめ、思考・判断し、表現するようになります。そして、直面する課題に果敢に取り組む姿勢が身についていきます。まさにこれは、文部科学省が目指している「生きる力」を身につける有効な手段ではないでしょうか。

才能を伸ばす教育

インターネットで「Le macchine di Leonardo da Vinci」と検索すると、ルネッサンス期の巨人、レオナルド・ダ・ヴィンチが発明した様々な機械を紹介するサイトが見つかります。その中に、ヘリコプターの原型となった模型の紹介があります。空を飛びたいという衝動に駆られたことのある人は大勢いることでしょう。

航空会社の全日空のロゴはANAとなっていますが、私が小さい頃の全日空のロゴは、ダ・ヴィンチが描いたヘリコプターの絵がそのまま使われていました（現在も、キャンペーン用のロゴとしてさらにデフォルメされたものが使用

されていたりします）。全日空の前身の1つは日本ヘリコプター輸送株式会社です。きっと創業者も小さい頃に、何とかして空を飛ぼうと一心不乱になってものを作り、実験した経験を持っていたのでしょう。

　中にはスケッチから想像力を喚起され、本当に作って飛んでしまう人もいます。動画サイトなどでは人力のヘリコプターで宙を飛んでいる映像も紹介されています。彼らこそ、子どものころに体験したフローな状態を未だに体験し続けているのではないか、そして、このように一見楽しく遊んでいるように見える中から、偉大な発明家が生まれたり、思いがけない発見が見出されるのではないでしょうか。

　話が横道にそれてしまいましたが、教育関係者の多くは、何とかして子どもをフローな状態に導いてあげたいと思っています。頭ではわかっているのですが、残念ながら受験対策や予算不足、多忙などの理由から、先述したような教え込む授業が増えてしまっています。そして教え込む授業の結果、どの国においても学習したことの低定着率が問題になっています。

　これらの問題点を解決するべく、早稲田大学本庄高等学院では多くの専門家に講演をしていただいたり、また実際に授業に招き入れたりすることで直接、実験のアドバイスを聞いたり、思考法自体を学ぶといった、「現場の科学」を体感できる機会を設けています。そうすることで、科学に対してぼんやりとした興味しかなかった子どもでも、自分の興味に対しての答えを得る方法（＝道筋）を考え、それに従って歩むようになることを実感しています。

　自然現象を解き明かす楽しさや、考える楽しさを経験し、将来に役立てられるようないろいろな力をつける。言うは易く行うは難し。本書は、その解決方法を見出すために、授業実践方法を見直し、そのノウハウを再構築しました。

　本書は、はじめからおわりまできっちりと読む必要はありません。自分の興味や関心のある分野を読んで、実際に実験や観察をしてみてください。また、クイズを解くように科学を楽しんでください。やり終えた時にきっと、満足感や充実感が得られるはずです。

　私は、これが科学への興味の始まりなのではないかと考えています。

2015年8月

著者代表
影森　徹

『魅了する 科学実験』　もくじ

はじめに ——————— 003
実験に当たっての注意事項 —— 008

実験 01

電子レンジで宝石作り!?
ルビー合成 ——————— 009

01　基本実験
電子レンジでDIY!　合成ルビー

実験 02

世にも美しい
透明骨格標本 ——————— 021

01　基本実験
排水溝用洗剤で標本作り

実験 03

日常に潜む科学の知恵
4路スイッチの研究 ————— 033

01　基本実験
簡単な工作だけでOK!　4路スイッチ

実験 04

見よ!　これが太陽の力だ!
超強力パラボラ集光器 ——— 043

01　工作
プラスチック桶で集光器作り

02　基本実験
集光して燃やしてみよう!

実験 05

都市型資源の探求
ゴミから金を抽出!? ———— 053

01　基本実験
不要家電から金を抽出する

02　応用実験
アマルガムで金メッキ

実験 06

どんどん色が変わる液体
酸化還元 ——————— 067

01　基本実験
カメレオン的!　信号反応

02　基本実験
一振りで真っ青になる液体

実験 07

食品添加物のパワーを
体感する! ——————— 077

01　基本実験
乳化剤で植物性ミルクの合成

02　基本実験
コンビニの100円アイスを完全再現

03　基本実験
ゲル化剤で青色ジャム

04　基本実験
魔法の粉であのインスタントスープを作る

オマケ実験
味覚のマスキング

実験 08

手作りで
本格派窒素レーザー ——— 093

01　基本実験
窒素レーザーをDIY

実験 09

目には見えないものを見る！
放射線 —————— 109

01 **基本実験**
WEBカメラでお手軽放射線検出器

02 **基本実験**
距離による減衰

実験 10

自作日焼け止めで学ぶ
紫外線 —————— 121

01 **基本実験**
小型顕微鏡で見る紫外線パワー

02 **基本実験**
手作り日焼け止め

実験 11

生徒の目が輝く！
炎色反応プレゼンテーション — 133

01 **基本実験**
格安でできる！ 炎色反応実験

02 **基本実験**
レインボーアルコールランプ

03 **基本実験**
使い捨て器具で手軽に炎色反応

04 **応用実験**
青い炎を作る

05 **基本実験**
バーナーを使ってちょっと派手に演出

実験 12

猿に矢は当たるのか？
空中衝突実験 —————— 147

01 **工作**
逃げる標的と発射装置の製作

02 **基本実験**
空中衝突実験は成功するのか!?

実験 13

DIYで行う
水蒸気蒸留＆超臨界抽出 ——— 161

01 **基本実験**
市販の電気蒸し器で作る水蒸気蒸留装置

02 **基本実験**
さらにお手軽！ 荒技抽出法

03 **基本実験**
究極の抽出！ 手作り器具で超臨界に
挑戦

実験 14

19世紀の天気予報!?
ストームグラス —————— 177

01 **基本実験**
瞬間冷却剤と防虫剤でストームグラス

02 **工作**
さらにロマンを感じさせるモノに変身

オマケ

お役立ち実験用台座を自作 —— 189

01 **工作**
これは使える！ 自作ヤグラ

02 **工作**
簡単工作でまな板がヤグラに変身！

巻末付録 —————— 204
お役立ち! 実験器具＆電子パーツ入手先リスト

実験に当たっての 注意事項

- [ ] 本書に掲載されている実験は、主に高校生以上を対象に、教師が立ち会って行うことを想定して書かれています。教師の目が届かないところで、生徒だけで実験することは絶対に避けてください

- [ ] 火気を使う実験では、火の取扱いには十分注意してください

- [ ] 書かれている薬品は、必ずMSDS（http://j-shiyaku.ehost.jp/msds-finder/select.asp）などで注意事項を確認し、事故防止に努めてください

- [ ] 使用する実験器具、薬品は実験前に異常がないか確認してから使用しましょう

- [ ] 実験の手順はあらかじめよく読んだ上で、必ず手順通りに実施してください

- [ ] 実験時はなるべく肌の露出は避け、必要に応じて防護眼鏡、手袋などを着用してください

- [ ] 電気を使った実験では、感電、火傷の恐れがあるので注意してください

- [ ] 難易度が高ければ高いほど、危険を伴うことがあります。その場合は、予備実験を行った上で、徹底した安全管理を行った上で実験してください

- [ ] 万が一事故が起こった場合は、まずは落ち着いて事故の内容・程度を把握した上で、適切な応急処置を取ってください

- [ ] 上記を踏まえた上で、本文中に記載された注意事項は必ず守り、安全第一で実験に臨みましょう

- [ ] 本書を参考に実験を行い、事故等により何らかの損失・損害を被ったとしても、著者並びに出版社、その他関係者は一切の責任を負いかねますので、あらかじめご了承ください

Experiment 実験　No.01

電子レンジで宝石作り!?
ルビー合成

難易度	★★☆☆☆
対応する指導要領	化学基礎／物質と化学結合 化学／無機物質の性質と利用

宝石というと自然の産物というイメージが強いが、最近では人工的に合成されたものも宝飾品、工業用製品として利用されている。どこの家庭にでもある電子レンジを使って、人エルビーの合成に挑む!

Synthetic ruby

009

実験の目的 普段「宝石」という視点でしか見ていないルビーを自作してみることで、身近な物質を化学的な視点で捉え直すきっかけを与える

　宝石……といっても、よく実験本などに載っている硫酸銅やロッシェル塩といったイオン結晶ではなく、本物の宝石、ルビーの合成です。

　ルビーは今や、天然由来のものより合成のもののほうが多いくらいで、宝石としての利用からレーザー光の発振のためにと工業的にも幅広く使われています。ルビーは比較的簡単に合成が可能で、ブラックライトを当ててピンク色の蛍光が確認できれば合成が成功、出なければ失敗と成否の判定も簡単にできて、教材としてももってこい……なのですが、ルビーの原料となるアルミナ（酸化アルミニウムの粉末：ホームセンターの陶芸コーナーなどで入手可能）は耐熱素材として売られているもので、融点は2072℃！　そんな高温を実験室や家庭で作ることはできるのでしょうか。

　今回の実験では、どこの家庭にも1台はある電子レンジを使うことで、超高温を局所的に作り、危険な装置を使わずにルビーの合成にチャレンジすることができます。ほんの少しのアイデアで、身近なものから宝石のルビーを合成し、ルビーという宝石が、酸化アルミニウムの結晶であることを体感することで、物質を化学的な視点で捉え直すきっかけを与えてくれます。

01 基本実験
電子レンジでDIY！　合成ルビー

 用意するもの

酸化アルミニウム：ホームセンターの陶芸コーナーで数百円で入手可。1袋あれば十分
酸化クロム：同じく陶芸用品として売られており、こちらも1袋あれば良い
アルミホイル：市販のものでOK
電子レンジ：一般的な100Vの製品（数千円程度の安いもの）で良い。万が一の故障を考えて、新調したほうが無難。実験前にターンテーブルは外しておくと良い
乳鉢：ホームセンターの実験器具コーナーなどで売られているような普通のもの。あればでかまわない

— Synthetic ruby

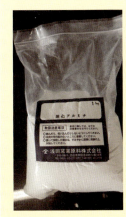

酸化アルミニウム、酸化クロム。いずれも1袋あれば、材料に困ることはまずない

注意事項 電子レンジは規格外の使い方をするので、万一故障することなどを考えて、専用のものを用意。消火器も念のため用意しておく

実験手順

1. 酸化アルミニウム100、酸化クロム1の割合で量り、乳鉢などでよく混ぜる。薄いピンク色にしたければ酸化クロムは少なく、濃い赤色にしたいなら多めに入れる

↓

実験手順

2. 原料を短冊状に切ったアルミホイルで包み、棒状に成型する

原料は多過ぎないように。多過ぎるとうまく着火せず失敗しやすい

↓

3. 上部から3cm程度をよじり、下部は横に折り曲げて自立するようにする

↓

4. 折り曲げた部分に陶器の破片などマイクロ波を吸収しないもので重しをし、電子レンジの中にセットする。この時ターンテーブルは、取り外しておく。電子レンジは最高出力で2、3分の設定に。マイクロ波が集中する場所は機種によって違うので、いろいろな場所にセットしてスイッチのオン・オフを繰り返し、アルミホイルの先端から火花が出やすい場所を探す

実験手順

5. 最適なスポットでスパークが起これば、ブーンという音と共にプラズマがアルミの先に起こり、10秒ほど持続する。プラズマが消えたら電子レンジのスイッチを切り、確認する

6. 十分に冷めたら取り出す。1〜数mm程度のピンク色の玉が出来上がっていればOK

アルミホイルの先端にルビーが合成されている

7. ブラックライトを当てて、ピンク色の蛍光を発色すれば成功!

実験手順
＊. うまく連続発振すれば、1cm近い大きな結晶を作ることも可能

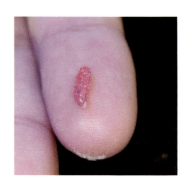

＊ルビーを化学的な目線で見てみる

　まず、ルビーの化学的成分と簡単な物理的性質を把握しておきましょう。

　ルビーの主成分は酸化アルミニウム（Al_2O_3）であり、アルミニウムの酸化物です。酸化アルミニウムは非常に一般的な物質であり、身近にたくさん存在しています。たとえば、携帯電話の表面処理などにアルマイトという形で存在しています。酸化アルミニウムを主成分とする宝石はルビーとサファイアであり、含まれる不純物の違いによって色が違い、別物とされていますが、化学的には似たようなものです。ルビーの特徴的なピンク色の要因はクロムイオンであり、ごく微量のクロムが添加されることで、美しいピンク色となります。一方サファイアはごく微量の鉄とチタンが発色の原因となっています。

　ルビーの主成分である酸化アルミニウムは化学的に大変安定しています。これは共有結合という、化学結合の中でも最強の結合の仕方をしているからです。そのため、酸やアルカリにも耐え、有機溶剤で溶かされることもありません。融点も2072℃と高温のため、簡単には融かせません。そしてモース硬度は9とダイヤモンドに次ぐ硬さを持っています。これらの特性は共有結合に由来する強力な化学結合の賜物と言って良いでしょう。

　理屈の上では、酸化アルミニウムを融かして、クロムを混ぜればルビーができるわけですが、手軽に手に入るバーナーなどでは、2000℃を超える超高温を作り出すことは不可能です。

　ルビーを合成する方法は、大別すると溶液から再結晶させる方法と、超高温を使って原料を融かして作る方法の2種類があると言えます。以下、それぞれの方法と特徴について、ざっと解説します。

＊フラックス法

　フラックス法はフッ化物や金属酸化物など、低融点で酸化アルミニウムを融かせる物質を使います。フッ化物は融解状態では活性が非常に高く、酸化アルミニウムを融かし込めます。温度によって融かせる量が変わるため、酸化アルミニウムが融けた状態で、少しずつ温度を下げていくと酸化アルミニウムが再結晶を起こして析出してきます。これがルビーとなります。あるいは、フラックスを融けた状態で維持し、蒸発させてしまいます。すると酸化アルミニウムが融けきれなくなり、析出してきます。

　一般的には徐々に温度を下げる方法が用いられます。こちらは再結晶由来のため、高品質の結晶が期待でき、レーザーグレードの透明度の高い結晶が得られます。

＊水熱合成

　フラックス法ではフッ化物などのフラックスを用いますが、水熱法では水を用います。まず、水を頑丈に作られた容器に入れて加熱します。大気圧では水は100℃で沸騰を始めますが、密閉されていると圧力がどんどん上がっていきます。温度が374℃に達すると、水は超臨界水と呼ばれる大変活性な状態に相転移します。この時、中の圧力は200気圧を超える高圧状態です。超臨界水は通常の水とは異なり、強力な溶解力を持ちます。酸化アルミニウムですら融かし込んでしまうほどです。酸化アルミニウムを融かした状態でゆっくり冷却するか、温度勾配を作るなどしてルビーを析出させます。

　水熱法では、大変高品質な結晶を得ることができ、こちらもレーザーグレードの結晶が得られます。

＊引き上げ法（チョクラルスキー法）

　引き上げ法は、大型の結晶を得るための方法です。小さな単結晶を元に、表面張力を使い、溶融した原料から大型結晶を引き上げながら作る方法です。超

高品位の大型結晶を得るために使われる方法で、宝石以外にも半導体を作るには欠かせない方法となっています。

＊火炎法（ベルヌーイ法）

　火炎法は、酸化アルミニウムの融点まで原料粉を熱して融かして固める方法です。酸化アルミニウムの融点は2072℃ですので、この温度まで水素・酸素バーナーで加熱して融かします。通常は上から原料粉を落として空中で融かし、融けた状態で落として積み重ねて大きな結晶を得ます。原理的に不純物が入らないように熱すれば、バーナーでなくても可能な方法です。

　今回の実験は、この方法を電気プラズマを使って実現しています。結晶化の過程が短く、透明度が低い等欠陥の多い結晶となってしまいますが、十分蛍光を発し、丈夫で宝飾用途に使える美しいルビーが得られます。

＊電子レンジで超高温を作り出す方法

　ここまで説明したように、ルビーを得るには原料となる酸化アルミニウムを融かすことさえできれば良いのですが、2072℃の融点を超える温度を実現する、ここがネックになります。火炎法では通常水素・酸素炎を使いますが、実験室で簡単に再現するには現実的ではありません。

　そこで、電子レンジのマイクロ波による加熱に挑戦してみました。単純にマイクロ波を照射するのではなく、マイクロ波でプラズマを発生させ、プラズマの高温で加熱するのです。プラズマは大変な高温度であり、数万℃程度まで期待できます。この温度領域であれば、高融点の酸化アルミニウムも難なく融かすことができます。

　使用する電子レンジは、100Vの一般的な製品で可能です。現在、電子レンジは数千円で買えるので、万一の故障などを考えて新調したほうが無難でしょう。忘れないでおいていただきたい注意点として、実験に入る前にターンテーブルは取り外しておくことがあります。ターンテーブルは、温めるものを載せるためのテーブルですが、素材は一般的にガラスや陶器であり、融けた酸化アルミニウムなどが落ちると熱衝撃で割れる危険性があります。あらかじめターンテーブルは外してしまい、代わりに耐火マットなどを敷いておくと安心です。耐火マットはムライトで作られたマット状のものが良いでしょう。陶芸用品店

などで調達可能です。

＊実験の際の留意点

　ピンク色のルビーを得るには、酸化アルミニウムに蛍光成分となる酸化クロムを混ぜる必要があります。いずれも陶芸用品として売られているものなので調達は容易です。混合する量は、酸化アルミニウム100に対して酸化クロム1程度で十分です。薄いピンク色にしたければ酸化クロムを少なく、濃い赤色にするには多めに入れると良いでしょう。

　次に、マイクロ波からプラズマを発生させるためのアンテナを作ります。電子レンジのマイクロ波を捉える導電性のアンテナの材料としては、アルミホイルが最適です。アルミホイルの材料はアルミニウムであるのは言うまでもないですが、プラズマによる加熱で空気中で燃焼してしまいます。つまり燃焼後には酸化アルミニウムとなり、原料粉と同等のものになるため、不純物にならないわけです。幸いなことに市販のアルミホイルは不純物が少なく、純アルミニウムに近いので理想的です。

　電子レンジのマイクロ波は2.45GHzであり、波長は12.2cmとなります。プラズマを発生させる強電界を得るには、1/4波長の倍数が良いと言え、3cm程度のアンテナ長を持てば機能するということです。

　原料の酸化アルミニウム・酸化クロム混合物を短冊状に切り取ったアルミホイルで包んで棒状に成型し、上部から3cm程度のところでよじります。よじった部分より下をGND（グラウンド）として横に折り曲げ、本体に接触させると良いでしょう。あとは陶器の破片などマイクロ波を吸収しないもので固定して電子レンジの中にセットします。これでアンテナは完成です。

　そしていざ、電子レンジを最大出力で回します。アンテナが正常に機能すれば、アンテナ末端部の電界強度が大きくなり、自発的に絶縁破壊して放電が始まります。放電にはアーク放電と呼ばれる、熱を伴うプラズマが発生します。写真を見ていただければわかるように、オレンジ色のいかにも熱そうなプラズマです。

　ただし、電子レンジ内部はマイクロ波の強弱の分布があります。局所的には大変強い電界が得られるのですが、弱いところではまったく放電が起こらない場合もあります。放電が起こりやすい場所を探し出すのが難点ですが、これば

かりはあちこちにアンテナを置いて、10秒くらい観察（うまくいくと火花が出てくる）を繰り返し、適切な場所を見つけましょう。

　放電がいったん始まれば、10秒程度プラズマが維持されます。その後、アンテナ（アルミホイル＋原料粉）が丸い玉になり、放電が止まります。放電が止まったら、十分に冷めてから取り出しましょう。1～数mm程度のピンク色の玉が出来上がっていれば成功です。紫外線で強力に蛍光を発します。

　電子レンジを使ったプラズマであっても、数万℃まで発生可能です。このような温度では、全ての高融点化合物を融かすことが可能です。今回はルビーでしたが、酸化クロムの代わりに酸化チタンと酸化鉄を混合すればサファイアとなるはずです。是非、いろいろな宝石を合成してみてください。

 教育のポイント

＊宝石も化合物の一種である

　ルビーというのは多くの人にとっては石であり、石というのは概念的なもので、その材料が何であるかといったことに関心を向ける人は多くありません。身近なものであれば、鉛筆の芯とダイヤモンドが同素体であるということは多くの人が知っていますが、やはり同じものと言われてもピンと来ないものです。

　この実験のポイントは、ルビーといった特殊な宝石も化合物であることを再認識することができる点に尽きます。まずはアルミニウムに火をつけて、燃えかすである酸化アルミニウムの粉、これは燃えかすであることからもわかるように、非常に耐熱性の高い物質であるということ、それらはアルミナとして耐熱材としても使われるようなものであるということを認識させることが大切です。

　その上で、そうした耐熱材に使われる化合物でさえ、2000℃を超える超高温環境では、融けて融合して塊になるということ、さらには不純物のクロムを含むとルビーという宝石になるということを体感させるこ

とができるのです。

1点、この実験で手間取る問題は、電子レンジごとにマイクロ波が集まる場所が違う点です。ちょうど良く反応を起こせる場所を探すのが面倒で、機種によっては高い位置にあることもあるので、その場合は耐熱レンガや耐火マットなどで高さを作って、アルミホイルに包んだ材料を立てると良いでしょう。

＊宝石の定義とは

補足ではありますが、宝石という定義について見直しておきましょう。

宝石というのは、人間が価値を見出した、何らかの鉱物です。ただ、その鉱物の中でも美しく、かつ硬度の高いものが好んで宝飾品に使われることから、「宝石」と呼ばれています。一部の珊瑚、オパールや琥珀のように硬度に乏しいものもありますが、ダイヤモンドはもちろん、ルビー、サファイア、アレキサンドライト、アメシスト（紫水晶）、そして合成のジルコニアなども非常に硬いことで知られています。

その硬さは、かつては宝石の真贋鑑定にも使われていたもので、「モース硬度」と呼ばれます。モース硬度は石のこすり合わせによってどちらに傷がつくかということで鑑別された硬さの尺度の1つです。ダイヤモンドを最高の10とし、アメシスト（水晶）と同等のグレード、7以上のものが宝石としては多く好まれています。

蛍石などはモース硬度が4なので、紙やすりやカッターで削ることができ、紙やすりのザラザラはモース硬度8のガーネットであることを教えると「硬い」物質の中にも優劣があることを体感させることができます。

Experiment 実験　No.02

世にも美しい透明骨格標本

難易度　★★☆☆☆

対応する指導要領
- 化学基礎／物質の変化
- 生物基礎／生物と遺伝子
- 生物／生物の進化と系統

Transparent skeletal specimen

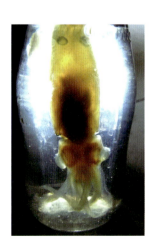

ある種の美しささえ感じさせる透明標本。非常にレベルが高そうに思えるものの、実は意外なほど簡単に作ることが可能です。入手しやすい薬品を使った、透明骨格標本作りのレシピをご紹介します

実験の目的 見た目にも美しい透明骨格標本の作成を通して、生物の体のつくり、骨格、筋肉などの内部構造に目を向けさせる

　本書を読まれている方であれば、全体が透明で骨のみが赤く染まった不思議な標本を目にされた人は多くいることでしょう。通称「透明標本」などと言われているこれらの透明骨格標本は、筋肉を「グリセリン筋」と呼ばれるものに変化させることで、結合組織の強度をある程度保持したまま、透明化させたものです。骨は特殊な試薬で選択的に染色されているため、軟骨が青色に、硬骨が赤色に怪しく光る、美しささえ感じさせる標本にすることも可能です。

　一般的に透明骨格標本は1991年に発表された「改良二重染色法による魚類透明骨格標本の作製」〈河村功一、細谷和海、Bull. Natl. Res. Inst. Aquaculture、No.20、11-18（1991）〉という論文で製作法が体系づけられ、紹介されて広まったものですが、実際はこの論文の発表以前より、博物館などでは比較的古くから使われてきた標本の技法であり、それほど新しい技術ではありません。

　さて、この透明骨格標本、ぱっと見た限り、自分で作るのは無理そうに思えるかもしれませんが、実は薬品さえ揃えば、それほど難しいものではありません。そしてその薬品も選択次第では、かなり簡単かつ気を遣わないで完成させることができます。

　今回はできるだけ高額な試薬を使わないで、十分満足できるレベルの透明骨格標本の作り方をご紹介いたします。

01 基本実験 排水溝用洗剤で標本作り

▶ 用意するもの

標本にする生物：メダカ、ワカサギ、小アジなど。大きさによって所要期間が大幅に変わってくる（後述参照）。今回はスーパーで売られていた小アジを使用

• Transparent skeletal specimen

密閉容器：漬け込む際に使用する。蓋つきの瓶などで良い
ホルマリン：実験室にあるもので OK
アルコール：燃料用で十分
水酸化ナトリウム、水酸化カリウム：「水酸化ナトリウム 1%」と書かれている、排水溝掃除用の洗剤がオススメ
アリザリンレッド S：汎用試薬ではないものの、毒劇物ではないので入手もしやすい。注文してしまっても良い
グリセリン
押入れ用除湿剤
トレイ、カッターナイフ、ピンセット、手袋

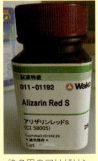

染色用のアリザリンレッド S

注意事項 薬品が手につかないよう手袋をして作業する。また、換気の良い場所で行うこと

実験手順

1. 標本をホルマリン固定する。金魚サイズで 3 日、小アジでも 1 ヵ月以内をめどに引き上げ、アルコールに入れておく（手袋越しに少し硬くなったと感じる程度で良い）

↓

memo ここで使用するアルコールは、燃料用のグレードのもので問題ない

023

> 実験手順

2. トレイなどの上に標本を置き、手袋を着用の上、カッターナイフやピンセットなどを使って丁寧に皮を剥く。この時、骨を傷つけないように注意する

3. このぐらい剥けたら、1〜2％になるよう調節した水酸化ナトリウムの水溶液に1〜2週間漬け込む

4. 標本がほんの少し透明化したら、3の漬け込み液にアリザリンレッドSを溶液が紫色になって魚が見えなくなるギリギリの分量を加える。目安としては、300mlの溶液にスパーテルで1、2杯程度（10〜30mg）

024

実験手順

5. 完全に染まったら(メダカサイズなら一晩、小アジサイズで3日程度)引き上げ、再び1～2%水酸化ナトリウム水溶液に1～2週間漬け込み、余分な色素を排出させる。内容液は3日おきに取り替える

↓

6. 水酸化ナトリウム水溶液8に対してグリセリンを2(目分量の体積比で良い)加えた溶液を作り、透明化の促進、余剰色素の排出を同時に進める。1週間ごとに3、4回内容液を取り替えるが、グリセリンの濃度は、交換のたびに段階的に上げていく(大体でかまわない)

↓

7. 最終的にグリセリン100%溶液中でひたすら放置させれば、完成(写真の小アジで3～4ヵ月程度)

025

＊1番のポイントはホルマリン漬け

　ホルマリン固定した標本であれば何でも透明化できる……のですが、肉の量が多くなればなるほど、完成までにかかる時間が長くなっていきます。メダカのような小魚で約1ヵ月、ワカサギで2ヵ月、10cm程度の小アジだと最低3ヵ月はかかります。当然ネズミ1匹などとなると、1〜3年かかるというわけです。そうなると、必然的に透明化待ちの標本まで出てしまいそうです。

　しかし、この最初のホルマリン固定が、標本の完成度を大きく左右する部分なので、気をつけて行っていただきたい作業となります。

　ホルマリンでの繊維化は、漬け込み時間が長いほど、より強固になります。ホルマリンで筋肉組織を強固なものとしたのち、筋肉中に含まれるアクトミオシンを溶出させます。筋肉の構成成分であるアクチンとミオシンは死後結合し、アクトミオシンとなります。ミオシンは本来無色ですが、アクチンが筋肉の部位によっては色を持ち、これが筋肉組織の透明化の邪魔になるため、取り除く必要があるわけです。透明骨格標本では、このアクトミオシンをトリプシンや強塩基で適度に分解し、組織の結合を緩めることで、水溶性のこれらの色素を溶出しています。

　故に、あまりにも高濃度のホルマリンで長期間保存した標本はホルムアルデヒドが浸透し、組織が頑丈になり過ぎてあまり美しく透明化できません。ホルマリン固定は金魚程度のサイズで3日、小アジでも1ヵ月以内をめどにホルマリンからは引き上げ、アルコール（燃料用アルコールで十分）に入れておくのが無難です。

　ホルマリン固定が終わったものは透明化の工程に備え、皮を剥きます。標本をトレイの上などに置き、換気の良い場所で手袋を着用の上、カッターナイフやピンセットを使って丁寧に皮を剥いていきます。

　ただし、肉しかない部分であれば、カッターナイフで余分な肉をそぎ落としてしまえば、透明化の効率が上がります。多少汚くはがれてしまっても、肉の部分は透明化してしまうので、気にしなくても良く、何より骨を傷めないことを第一に考えましょう。

＊筋肉の結合を緩める

　通常の透明化標本では次に軟骨染色を行うのですが、失敗しやすいためあえて飛ばし、筋肉の結合を緩める工程にいきます。

　一般的な手法ではここでトリプシンなどを使いますが、トリプシンは1gで3,000円以上する上に、恒温装置が必要で、面倒だと言えます。そこで、汎用的な強塩基である水酸化ナトリウムや水酸化カリウムを使います。ここで紹介しているような排水溝掃除用の洗剤は、大半が水酸化ナトリウムの1％水溶液と界面活性剤が使われており、この界面活性成分が極めて良い浸透性を持っているため、最初の漬け込み溶液として非常にオススメです。

　漬け込み溶液に対して1〜2％になるように調節した水溶液に標本を漬け込みます。1〜2週間もして標本がほんの少し透明化したら、次の工程に入ります。

＊染色を行う

　今回紹介する標本は硬骨染色のみなので、漬け込み液にそのままアリザリンレッドSを投入します。アリザリンレッドSは、今回使う試薬の中で唯一汎用試薬ではありませんが、毒劇物でもないので、ホルマリンや水酸化ナトリウムより入手は難しくありません。学校で行う実験として考えると、それほど高額な薬品でもありませんから、注文してしまっても良いでしょう。

　透明化を行っている保存液に、溶液中の魚が見えなくなるギリギリの分量を添加します。といっても300mlの溶液に対してスパーテル1、2杯（10〜30mg）程度入れるだけで、十分に染色できます。

　ここでは魚が全部濃い紫に染まってしまって不安に思うかもしれませんが、大丈夫です。小アジ程度のサイズでも3日もあれば完全に染まりますし、メダカサイズであれば一晩で引き上げ、再び1〜2％水酸化ナトリウム水溶液に浸け、余分な色素を排出させれば、問題ありません。

　補足の実験として、次ページに掲載した写真のように、アリザリンレッドSがカルシウムで呈色することを確認するために、押入れ用の除湿剤などを使って実演して見せるのも良いかと思います。

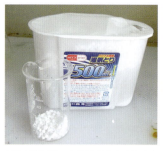
市販の除湿剤。中身は塩化カルシウム

左はアリザリンレッドS、塩化カルシウムの水溶液、右がアリザリンレッドSのみのもの

＊透明化

　水酸化ナトリウム水溶液に漬け直すと、余分な色素が出続けます。ここが最も面倒な工程で、3日おきに内容液を取り替えなければなりません。1週間ほど液替えをしていると、余剰色素が抜けにくくなってきます。
　次は、透明化行程でついでに余剰色素を抜いていきます。水酸化ナトリウム水溶液8に対してグリセリンを2（目分量の体積比で十分）混ぜた溶液を作っておき、これを1週間ごとに3、4回交換します。これでほとんどの余分な色素が抜けるので、段階的にグリセリンの濃度を上げていきます。
　また水酸化ナトリウム水溶液に対して5％ほどアルコール（燃料用アルコールで良い）を加えると、透明化速度が上がります。しかし標本の強度が落ち、溶けてしまうこともあるので、しっかり観察しながら行うなど、注意が必要です。うまく調整できれば、かなり効率的に透明化を進められます。

＊完成、そしてイカも透明化！?

　あとは放置し、時間が経過すればいつの間にか完成しています。夏休み中に作るのであれば、ワカサギサイズが限界でしょう。
　骨を別の色に染めたいという人もいるかと思うので、それについても解説しておきます（右ページの写真参照）。
　使ったものは、アリザリンレッドSの親戚である、プルプリン（パープリン）というアントラキノン系色素です。アリザリンレッドSと同様、カルシウムに対して真っ赤な呈色を示すので染色可能か実験してみたところ、うまく染

まりました。ただし、アリザリンに比べ筋肉への呈色が強いので、濃度を薄めにしてゆっくり染めるほうが良いようです。

左がアリザリン、右がプルプリンによる染色

また、骨のないイカも透明にできます。イカはアリザリンレッドSでは染まらないので、別の薬品が必要になります……が、安定したものがまだ見つかりません。フタロシアニンでアルシアンブルーの代用染色なども試みましたが、うまくいきませんでした。

イカの透明化は、水酸化ナトリウム水溶液にアルコール（燃料用アルコール）を少量混ぜたほうがうまくいくようです。

透明になったイカ。何だか神秘的!?

029

 教育のポイント

＊透明骨格標本の中で起きていること

　綺麗！　美しい！　カッコイイ！　だけでは学問になりません。透明骨格標本がどのような化学反応によって出来上がっているのか、まとめておきましょう。

　まず標本の透明化する筋肉について。この過程では、筋肉の色素を抜き、水分をグリセリンに置換して透明にしていくのですが、透明化の前に、ホルマリン固定しなくてはいけません。

　ホルマリンはご存じの通り、アルコールと並んで液浸標本によく使われる保存液です。ホルムアルデヒドはタンパク質の表面にある水素原子と結合し、タンパク質に結合したホルマリン同士は互いに重合し、つながりあって強固な構造をとります。これが架橋構造となり、繊維化します。この繊維化した組織があるからこそ、透明化しても強度が維持されるのです。

　そして、強固になった組織はまだ水を含んでおり、水が入った状態では屈折率が悪く、光を通しません。そこで光を通しやすいグリセリンと水を交換したいわけですが、ホルマリン漬けの筋肉をそのままグリセリンに漬けているだけでは、途方もない時間がかかってしまいます。

　そこで、ある程度組織を分解し、緩めるために消化酵素や強塩基を使います。通常はトリプシンのような消化酵素に漬け込み、加温して筋肉中のタンパク質を適度に切断し、水とグリセリンが出会いやすいよう結合を緩めます。しかし、今回はトリプシンなどの高額な試薬ではなく、極めて安い「水酸化ナトリウム（or水酸化カリウム）」を使った透明化の方法を紹介しました。この方法の利点は染色も同時に行えるという点で、学術書やネットでよく知られている方法より遙かに簡単かつ安価で美しい標本を作ることができます。また、10cmを超える大きな魚でも十分に透明化が可能です。

　硬骨は、アリザリンレッドSで染められています。このアリザリンレッドSは、カルシウムイオンと反応して赤紫に呈色するため、骨が染

色されるわけです。

　軟骨は通常、アルシアンブルーという薬品で染色され、コンドロイチンの硫酸基に選択的に呈色するので、硬骨と軟骨の組成によって色分けが可能になります。しかし魚の軟骨部位は少ない上に、アルシアンブルーの行程で失敗することが多く、初心者には敷居が高くなってしまいます。なので今回はあえて、この軟骨染色は省略して、より簡略化を目指しました。

参考文献 /
＊改良二重染色法による魚類透明骨格標本の作製（1991, 河村・細谷, Bull. Natl. Res. Inst. Aquaculture, No.20, 11-18）
＊水圏資源生物学研究室「改良二重染色法」
＊東京海洋大学　水産資料館 WEB サイト（http://www.s.kaiyodai.ac.jp/museum/public_html/mainpage.html）
＊Scale: a chemical approach for fluorescence imaging and reconstruction of transparent mouse brain(2011 9, Nature Neuroscience)

Experiment 実験 No.03

日常に潜む科学の知恵
4路スイッチの研究

難易度 ★★★☆☆

対応する指導要領
物理／電気と磁気
物理／電気回路

我々の生活を豊かにしてくれている科学の力。それは「あっちで電気をつけて、こっちで消す」といった日常の風景の中にも散りばめられている。今回は、そんな当たり前過ぎて見過ごしがちな科学にスポットを当てていく

実験の目的 身近にある電子回路を実際に作ってみることで構造を理解し、電子回路の奥深さを知るきっかけにする

　ついつい忘れがちですが、我々の生活は多くの科学者の研究開発の賜の上に成り立っています。例えば階段の電灯のスイッチ。1階でスイッチを入れて上り終わったら2階で消す……当たり前のこの動作は、巧妙な回路の切り替えによって可能になっています。

　この回路は、3階建ての建物でも使うことができ、もちろんデジタル制御なんてものではなく、単なるアナログ回路によって成り立っています。こうした電気を切ったりつけたりを自由自在にすることを可能にしているカラクリを考えてみる、これが今回のお題「4路スイッチ」です。

01 基本実験
簡単な工作だけでOK!　4路スイッチ

≫ 用意するもの

- **LED**：パーツ屋で20円ほどで売られている
- **単3電池 2本**
- **単3電池ホルダー（2本用）**：100円均一の電動おもちゃから抜いても良い
- **ビニル被膜電線 18cm×2本、11.5cm×2本、12cm×2本**：より線のもの
- **ボルト 3個**：直径3mm、長さ15mmのもの
- **ナット 3個**：3mmのもの
- **ワッシャー 3mm用×6個、4mm用×3個**
- **丸い発泡ポリスチレン 3個**：直径2.4cm、厚さ5mm
- **木の板orプラ板**：2～3mm厚、10cm×15cm。絶縁性があれば、材質は何でもOK
- **円盤**：木orプラスチック製で、直径3.8cm、厚さ1mm、中心に直径3.5mmの穴を開ける
- **アルミテープ**：100円均一のキッチンコーナーに売っている
- **アルミホイル 2枚**：6cm×0.3cm
- **圧着端子 2個**：11.5cmの被膜線につける
- **キリorドリル、ペンチorニッパー**

Four-way swtich

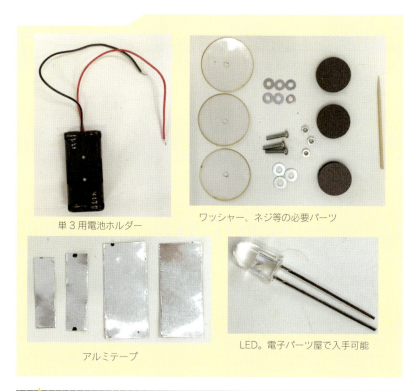

単3用電池ホルダー

ワッシャー、ネジ等の必要パーツ

アルミテープ

LED。電子パーツ屋で入手可能

注意事項 電線が指に刺さらないよう、注意する

実験手順

1. 完成品の写真。配線、パーツの配置などがわからなくなったら、この写真を参考にする

LED
電池＆電池ケース
円盤b
円盤b
円盤a

035

実験手順

2. 木の板（あるいはプラ板）に、キリかドリルで、右写真のように電線を通す穴を開ける（直径3.5mm、計35ヵ所）

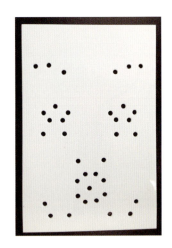

3. 電線をそれぞれ18cm×2本、11.5cm×2本、12cm×2本に切断し、両端のビニル被膜を2.5cmほどはがす。11.5cmの電線には、圧着端子をつける

4. 2の板に電線を、上下を縫うように通していく。配線に関しては、右ページの写真を参考に通す

実験手順

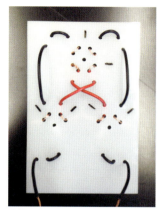

配線を表から見たところ

通した電線が抜けないように、先端をセロハンテープで止める

5. 右図のように、円盤aにアルミテープを2枚貼る。この時、アルミテープ同士がつながらないよう、隙間を空けておく

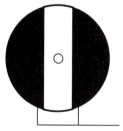

アルミテープ

実験手順

6. 円盤aの真ん中に穴を開け、ボルトを通してナットで2の板に固定する（固定位置は1の写真を参考に）。この時、右図のようにワッシャーを入れておく。この円盤は回転する必要があるので、あまりきつく締めつけないように気をつける

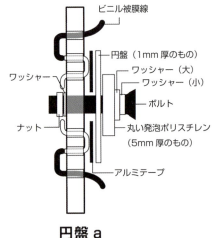

円盤 a

7. 円盤bに、右図のようにアルミテープを1枚ずつ貼る

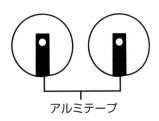

アルミテープ

8. 2枚の円盤bを2の板の真ん中あたり（固定位置は1の写真を参考に）に、円盤aと同様の方法で固定する。この時、アルミテープとボルトの隙間を埋めるために、ボルトにアルミホイルを巻きつけ、電流が流れやすいようにする

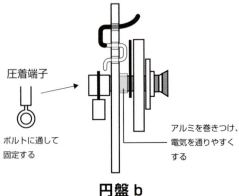

円盤 b

実験手順

9. 次に円盤bの圧着端子をボルトに通し、ワッシャーで挟み込み、電気が流れるように調整する

10. 電池ケースを板に固定し、LEDの長いほうの脚を電池のプラス側に接続する（固定位置は1の写真を参考にする）

11. 電池ケースのスイッチをオンにして、実験開始！
LEDがうまくつかない場合は、電線と金属板の接触が悪いのが原因と思われるので、接点を1つずつ確認し、回路が間違っていないかチェックする

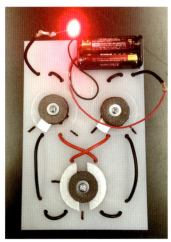

スイッチオン！で点灯したところ。ちゃんと配線がつながっていれば、左上部のLEDが点灯する

039

 解説

＊身近なスイッチの仕組みを考える

　階段の電灯や大きな会議室の照明は、どこのスイッチでもつけたり消したりすることができますね。この回路はどのようになっているのか？　誰もが1度はうっすら思ったことがあるはずです。

　今回は3ヵ所以上にスイッチが配置されている照明のための回路を考えて、実際に作ってその構造を理解しようというものです。

　まず右写真のスイッチを見てみましょう。どこの家庭にもある普通のスイッチです。この形のものが一般的で、ホームセンター、家電量販店などで販売されています。

　しかし、形は同じでも中の仕組みが異なるものが多数販売されているので、購入する時には注意が必要です。Panasonicのホームページでこのスイッチを調べてみると、下記のような仕様書と回路図が出てきました。

回路方式のところに「4路」と書いてある

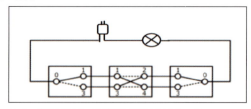

スイッチの回路図。まずはこの図とにらめっこ

　この仕様書の図を少し説明しましょう。まずスイッチには4つの端子がついています。スイッチを押すと1と2がつながると同時に、3と4がつながります。次に、スイッチを逆側に入れると、今度は1と4がつながると同時に、2と3がつながります。このように4つの端子に流れる電流を切り替えるためのスイッチを、「4路スイッチ」と呼んでいます。

　言葉で説明すると難しいのですが、この4路スイッチと、もう1種類のスイッチを組み合わせると、階段などで使われている回路が作れます。模式図を示すと、下記の図のようになります。

　階段についているスイッチは、常に電源に接続されています。電灯がつくには、電源から流れ出た電流が、再び電源に戻ってくる必要があります。図中の、電源から出ている実線をなぞってみてください。おわかりかとは思いますが、これは電灯が消えている状態です。

　次に頭の中で、どれか1つのスイッチを操作してみてください。電源から出た電流は、電池に戻ってきたでしょうか。

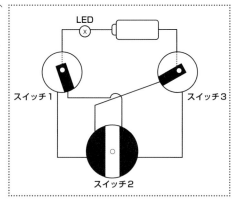

　このスイッチの原理を基に、クロスさせるスイッチの代わりに、回転するスイッチを考えてみたのが、今回製作したスイッチです。

　図の真ん中のスイッチ2が4路スイッチに当たります。黒く塗ってある部分は金属でできていて、電気を通すことができます。この図では電池から流れてきた電流がスイッチ1を通り、次に4路スイッチを通ってスイッチ3から電池へと戻ります。

　では、スイッチ1を左に切り替えてみてください。4路スイッチを通ったあと、電流はスイッチ3で途切れてしまいました。そこで4路スイッチを90度回転させてみてください。電流が流れる方向が変わり、再び電灯がつきました。

　どこかのスイッチで電灯を消しても、必ずどこかのスイッチを動かすことで電流が流れるようになる、というのがこのスイッチの仕組みというわけです。

　この回路は簡単な工作で作ることができる上に、回路の仕組みを理解するにはもってこいの教材と言えます。材料もホームセンターや100円均一で揃うものばかりででき、なおかつ危険な工具も使わずに作ることができるので、夏休みの自由研究などの課題にもももってこいかもしれません。またハンダ付けも不要で、結線はねじって取りつけるだけで十分機能する……と簡単にできる上にきちんと動作するクオリティのものが完成します。

 教育のポイント

＊シンプルなつくりから理解を深めていく

　3ヵ所以上でオン・オフができるこの回路は、すぐにその仕組みが理解できるものではありません。

　はじめは、単純に回路を切断して消灯させる回路から入り、2ヵ所でオン・オフができる回路を考えた上で、4路回路にたどり着かせると良いと思います。

　この時に、実際のスイッチを分解し、観察させるという方法も有効に思えますが、市販の製品は大変複雑な構造のため、かえって混乱させることになる場合もあるので、自作してみたほうが理解への近道になるでしょう。完成した回路を見せて、仕組みを考えさせることも効果的だと思います。

　ブラックボックスのないこの回路は、工夫次第でいろいろなことができるということの代表例と言えるかもしれません。

Experiment 実験 No.04

見よ！これが太陽の力だ！
超強力パラボラ集光器

難易度	★★★☆☆
対応する指導要領	科学と人間生活／人間生活の中の科学
	物理基礎／様々な物理現象とエネルギーの利用

太陽光ほど強力なパワーが身近に存在するにも関わらず、その力を実感する機会は驚くほど少ない。太陽光エネルギーの利用にも注目が集まる今こそ、その力を実感できるような実験を行いたい

Parabolic condenser

実　験
の
目　的

簡単に作れて、かつ廃棄も手軽にできる材料を使い、太陽光の威力を実感させ、身近にこんなにすごいエネルギーがあるということに着目させる

　昨今は太陽光エネルギーの利用が話題になっているというのに、学校教育ではそれを体感できるような実験が行われていません。太陽光発電パネルでLEDやファンを回したり……といった地味な実験があれば御の字というところです。そこで今回は、ズバリ太陽光のエネルギーを体感することを目的とした実験を紹介します。

　太陽光、これほど身近で強力なエネルギーはなかなかありません。しかし、あまりに当たり前過ぎて見過ごされがちなのも事実です。

　科学の心がある人ならば、子どもの頃に1度は虫眼鏡などのレンズを使って集光し、黒い紙に煙を起こしたり、アリを焼いたりした記憶をお持ちの人も多いでしょう。

　今回は、それをさらにグレードアップさせたパラボラ型の集光装置を作り、様々なものを焼いてみたり、融かす実験です。

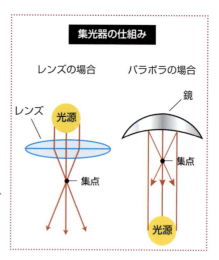

　集光器には右図のように、レンズや鏡を使ったものもあり、実際、アメリカの少年がすり鉢型の容器の内側に鏡をびっしり貼りつけた集光器を製作した動画をyoutubeで見ることができます（http://youtu.be/TtzRAjW6KO0）。しかし、鏡を使った装置は製作に時間がかかる上、不要時に日が当たると火事の原因などにもなりかねない（先ほどの少年は保管用の納屋を全焼させています）ということで、簡単に作れ、簡単に廃棄でき、かつ強力なパワーを両立できる装置を目指しました。

　ホームセンターに売られているものだけで作れ、1,000円もあれば十分に強力なものを、しかも短時間で作ることができるので、太陽光を使った実験などに活用していただきたいと思います。

01 プラスチック桶で集光器作り

工作

用意するもの

丸い洗い桶：集光器の直径は、丸桶の直径に依存する。今回は40cmほどのものを使うが、ホームセンターでは2mぐらいの製品まで調達可能で、自作できる最大の直径はこの程度になり、大きければ大きいほど威力も強力になる。空気が漏れては困るので、プラスチックの材質のものを選ぶ

マイラーフィルム：アルミ蒸着のものを調達する。アルミ蒸着されたマイラーフィルムは鏡面のようになっており、多少の折り目があっても穴が開いていなければOK。防災用のエマージェンシーシートが最適。5μmと25μmのものがあるが、今回はフィルムに穴が開くと失敗なので、25μmのものを選ぶ。厚さは商品のラベル裏などに書かれているので、要確認。失敗しても安いので、いくつか買って予備実験をしておけば確実

接着剤：プラスチックによくつくタイプのもの。3Mのスコッチシリーズが強力なのでオススメ。ポリエチレンなど従来接着しにくかった材質にも強力に接着可能。桶は塩ビやポリプロピレン製で、マイラーフィルムはPET樹脂だが、十分な強度で接着できる

ゴム栓：ホールソーで穴を開けるので、穴の大きさに合った実験用ゴム栓を用意

ホールソー：桶に空気を吐き出す穴を開けるため、ホールソーと呼ばれる丸い大きな穴を開けるドリルを使うのが最適。本来は木工用だが、プラスチックでも薄い板であれば大丈夫。穴の大きさは3cmぐらいで良い

ヒートガン：ホームセンターなどで数千円で売られているが、なくても装置を作ることはできるので、無理に買う必要はない。ドライヤーで代用可

排気コック：さらに完成度を高めたいなら用意する。水回り用品や熱帯魚用品コーナーで入手可能

今回メインで使用する材料。すべてホームセンターで調達可能

045

手 順

1. 桶の真ん中あたりに、ホールソーでゴム栓を差し込む穴を開ける

↓

2. 簡単に貫通する。このままだとバリ（切りくず）が出ていて、空気漏れの原因となるため、カッターナイフなどで取り除く

↓

3. 桶の縁に接着剤を専用ヘラで波面にして塗り、15分ほど放置

↓

4. フィルムのアルミ蒸着面を外側にして貼りつける。隙き間があれば、その部分に接着剤を追加して完全にふさぐ。この状態で1日放置

↗

手順

5. 完全に貼りついた状態。まだ折り目がついている

↓

6. 裏面に開けた穴からヒートガンやドライヤーで高温の空気を送り込み、中の空気が熱いうちにゴム栓で蓋をする。あるいは、掃除機などで中の空気を吸引する（40cm程度の桶であれば、口で吸い出すことも可能）。破れないように注意（直径が40cmであれば、数cm凹めばOK）

↓

7. 十分に凹んだら、シワの部分にヒートガンで熱風を当て、綺麗な鏡面に仕上げる（ヒートガンがなければ飛ばしてもOK）

↓

手 順

8. 見事な凹面鏡の完成！中の気体を暖めておいてゴム栓で蓋をして、常温に戻すことにより中の気圧が下がり、マイラーフィルムが引っ張られ、自動的に凹面鏡になるという仕組み

* ゴム栓をさらに加工して、人為的に中を陰圧にできるよう、排気コック、バルブをつけても良い

＊パラボラ形の理由

　パラボラ集光器とは名前の通り、パラボラアンテナ状のもので光を集めるものです。すり鉢状の構造体の内側が鏡張りになっていればそれで完成なのですが、均等なすり鉢状を作るのは非常に難しく、鏡を貼っていくのも大変です。そこで発想の転換をして、鏡自体を凹ませることで凹型にしてしまえば良い……というのが、今回製作したパラボラ集光器です。

＊製作上の注意

　まず、マイラーフィルムを貼りつける面に注意しましょう。アルミが蒸着されている面は接着強度が確保できないので、PET面を桶に貼りつけることにしました。アルミ蒸着の面が外を向いていると、酸化などによる劣化がありますが、大面積の反射面があるので、多少劣化しても、ある程度カバーできます。

　そして接着剤ですが、基本的には説明書通りに使うようにします。この手の接着剤は、溶剤が乾燥すると固まるのではなく、空気中の酸素や水分と反応して硬化するので、専用ヘラで波面を作り、15分ほど空気中に放置する必要があります。十分に空気に触れさせる前に張り合わせると、中が固まらない半生状態になってしまうので、今回のように通気性の悪いものを接着する場合、注意が必要です。中が固まらない状態では、端の空気に触れている部分しか硬化しないため、十分な強度が得られません。マイラーフィルムは大気圧で桶の内側に強力に引っ張られるので、広い面積で固定できないと剥がれてしまいます。

＊凹ませる方法

　フィルムを凹ませる方法は何通りかありますが、最も簡単なのは、熱風を中に入れ、冷まして凹ませる方法です。高温の空気をヒートガンで中に入れてあらかじめ少し凹ませ、中の空気が熱いうちにゴム栓で蓋をしてしまいます。すると、中の空気が冷えるに従って体積が収縮し、マイラーフィルムが内側に引っ張られ始め、ある程度の凹面鏡になります。

　もう1つは中の空気を吸い出す方法です。40cm程度のものであれば、口から吸引する程度でも簡単に凹ませられます。掃除機などで吸引するのも手です。この方法の注意点は、あまり中の空気を吸い出さないことです。マイラーは比較的伸びが良く、引き過ぎると桶の底に接触してしまうこともあります。あまり欲張ると破れの原因になるので、40cmの桶であれば数cm凹めば十分です。

　最後に、さらに美しい凹型にするため、シワの部分にヒートガンで熱風を当ててみましょう。するとシワの部分が引き伸ばされ、理想的な鏡面になっていきます。マイラーフィルムはかなりの高温に耐えられるので、少々の熱風がかかったところで、融けて穴が開くことはありません。とは言え、あまり強く熱しすぎると収縮に転じて穴が開いてしまうので要注意です。

02 基本実験
集光して燃やしてみよう!

用意するもの

パラボラ集光器

木の板など：燃やしてもかまわない、安全なもの

 注意事項 簡易なつくりだが威力は非常に高いため、絶対に人に向けないこと。また、光線に触れたり、集光した光を直視しないよう注意

実験手順

1. 木材に集光してみる。1秒もしないうちに煙が出始める

↓

2. 見事焼け焦げた！

＊集光器の威力

　マイラーフィルムの集光器はやや歪みがありますが、それでも十分に光を集められます。40cmの桶であれば、2cm以下に光を集められれば成功と言えます。

　この実験のように、木材に集光してみると1秒としないうちに煙が出てき始めて、発火します。かなり強力な熱線と言えます。天候の良い日であれば、アルミ缶くらいなら簡単に融かしてしまうほどです。夏場であれば、スチール缶や鉄アレイなども融かすことが可能です。

　なお、今回作った集光器は、大量の太陽光を集めることができます。かなり強い熱線となるので、直視するのは非常に危険です。皮膚に当たっても火傷の恐れがあるので、集光方向には特に注意しましょう。

 教育のポイント

＊太陽光のエネルギーを実感する意味

　太陽光を使った実験と言えば、太陽光パネルでの発電が真っ先に思い浮かびますが、そもそも太陽光線自体にエネルギーがあるということを実感させることが大切です。今回の実験は、そうした太陽光のエネルギーを実感させることを主軸としています。

　また、このエネルギーをどう使うべきなのかという問いかけを生徒に行うと良いでしょう。純粋に熱源として、プラスチックの熱分解に使ったり、アルミ缶を融かして省スペースに等、様々なアイデアが出てきます。それらのアイデアを基に、生徒に実現可能であるかアドバイスを行い、実験させることで、自発的に科学に対する考えが変わっていくきっかけになります。

　そもそも、太陽光を発している太陽自体がどういったものなのか、そ

のエネルギーはどこから来ているのか、太陽光は何分かけて地球に到達しているのか、最近話題の太陽風や宇宙天気予報……といった話題にまで包括的に解説することで、科学には宇宙からエネルギー問題まで幅広い知識が必要であるということに気づくきっかけにもなります。

＊太陽の本当の意味でのすごさ

太陽というのは言うまでもなく、我々太陽系の中心となっている恒星で、太陽系すべての物質量の99％以上を占める巨大なエネルギーの塊です。

表面温度は6000℃ですが、吹き上げるプロミネンスは1〜2万℃、中心核は1600万℃とも言われています。

太陽の中心では、水素原子4つが融合してヘリウム1つが生み出される核融合反応が起こっているとされ、ヘリウム原子1個の質量は、水素原子4個分の質量より0.7％ほど軽いことが知られています。この差がエネルギーという形で放射されているわけです。

原子力発電のウラン235の核分裂エネルギーも、わずか0.1％の質量がエネルギーに解放されているに過ぎないものが、地球の109倍もの質量の中で起こっているわけです。

そこから発散されるエネルギーは、波として音波・超音波・電波・遠赤外線・近赤外線・可視光線・紫外線・γ線などの放射線、さらには高エネルギーの荷電粒子（宇宙線）などあらゆるエネルギーが放射されているわけです。

地球に当たっている1秒分のエネルギーだけで、人類が1年消費するエネルギー全体をも越えると言われているからこそ、太陽光の利用には多くの可能性があると言えるのです。

Experiment 実験 No.05

都市型資源の探求
ゴミから金を抽出!?

難易度	★★★★☆
対応する指導要領	科学と人間生活／物質の科学 物理基礎／様々な物理現象とエネルギーの利用 化学基礎／物質の変化

urban mine

貴金属というと誰しもが思い浮かべる金。それがいわゆる「ゴミ」の中に眠っているとしたら……? ちょっとしたロマンと、生活に根差した科学の知識が体感できる実験

053

実験の目的 「都市鉱山」という言葉を身近に感じさせ、また、科学の知恵が我々の普段の生活と密接に関わっていることを体感する

　都市鉱山資源という言葉が使われるようになってから久しいですが、これは鉱山などから得られる資源ではなく、工業加工品のゴミから資源を再利用するという発想で、近年はインジウムなどのレアメタルの高騰から、見直され始めています。

　日常で目にする貴金属といえばアクセサリーが最も身近なところですが、目には見えないところでスマートフォンをはじめとする携帯電話、ゲーム機、様々な電化製品の基盤などに使われています。例えば携帯電話だけでも、1台当たり数mg（ごま粒大）の金が使われており、日本には約1億台の携帯電話があり、毎年2,000万台が買い換えられている……ということを考えると、2,000万台分しっかりと携帯を再回収し、資源として活用できていれば、年間150kg以上（約6.7億円分）の金が流動していることになります。

　しかし、実際は「思い出だから」などと言って携帯電話を死蔵しているケースも多く、回収できているのは600万台程度ということで年々、都市には携帯電話だけで1,000万台以上が蓄えられ続けていると考えると、都市は1つの鉱山、都市鉱山として十分利益の出る鉱山だと考えることができるわけです。

　そうした背景を生徒達に体感させる題材として、今回は古い携帯電話の基盤から金を抽出するという実験を紹介します。誰もが価値を認める「金」を基盤から抽出し、精製して見せることで、身の周りに貴金属が使われているという事実を実感し、資源というものを見直すきっかけにもなります。また、実験を通して、生活とは縁遠い気のする理科の知識が、身近に生かされていることを確認させる狙いもあります。

基本実験
不要家電から金を抽出する

▶ 用意するもの

小瓶：綺麗に洗ってあれば、ジャム瓶などでも十分
ジャンク基板：電気店街でkg単位で量り売りしており、なるべく古いものがオススメ

— Urban mine

水銀：試薬として購入、ないしは水銀温度計を壊して中から取り出す

二股試験管：汎用的なもの。できれば少し大型のものが好ましい。今回は水銀の量が
多いので、スケールアップした装置を組んだ

真空ポンプ：工夫すれば、大型のプラスチック注射器などでも十分代用できる

ドライアイス1kg：1kgで500円程度。氷専門店、ガス店等で購入する

ペンチ、ニッパー：100円均一などで売られているもので、先が利くものが良い

アルコールランプorマントルヒーター

（硝酸：完全に金を精製するのでない限りは不要）

**注意
事項** 　水銀は毒性が高いので、絶対に素手で扱わず、蒸気を吸うことのな
いよう注意する。水銀は思わず触りたくなる質感をしているので、
うっかり触る生徒などが出ないよう特に注意すること。こぼした時
は、亜鉛粉末を上から塗布して回収する。また、実験自体は開放空間か、で
きればドラフトチャンバーなどのガスを吸わないようにできる場所で行うの
が望ましい

実 験 手 順

1. 実験装置を組み立てる。右図が基
本構造となるので、次ページの完
成写真と併せて参考にしながら、
組み立てる

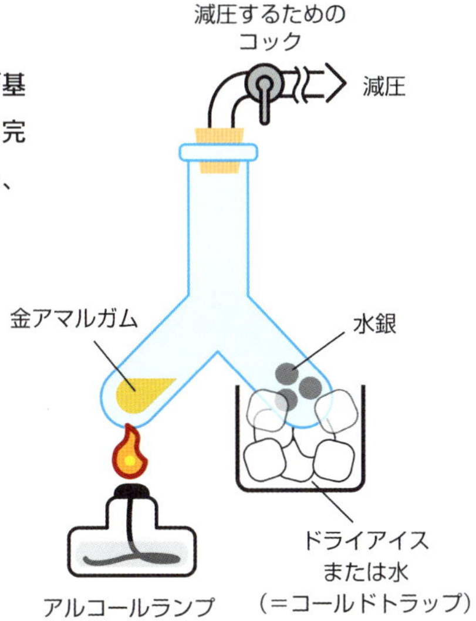

減圧するための
コック

減圧

金アマルガム

水銀

アルコールランプ

ドライアイス
または水
（＝コールドトラップ）

減圧したあと、片方を温め、片方を冷やす
と水銀が蒸留される仕組み

055

実験手順

ゴム栓は強く締め過ぎると蒸発した水銀で試験管が割れることがあるので、強く締め過ぎないこと

2. ジャンク品からペンチやニッパーを使用して、基板をむしり取る。今回使用したのは、古い携帯電話

解体した基板の中の金メッキ部分。この金メッキのパーツが、今回抽出する対象になる

実験手順

3. むしり取った部品を小瓶に取り、そこに水銀を加えてよくかき混ぜる。すると、金はみるみる水銀に溶けていく

4. 部品の量を増やし、どんどん抽出していく

5. 金メッキ部品（右）と、金メッキが水銀に溶け出した部品（左）。メッキが剥がれると、元の地金が見える

実験手順

6. 小瓶の中に家電製品からむしり取った端子を集めて、どんどん水銀の中に入れていく。見た目にはもうなさそうでも、かなりの金が残っていることがあるので、スターラーなどで良くかき混ぜて金を水銀に溶かし出す。水銀の蒸気圧は急激に上昇することがあり、肉薄の瓶で蓋をきっちり締めると爆発することがあるので注意！

↓

7. 水銀の中に入れた金メッキ部品から金が目視できなくなったら、フラスコ（もしくは二股試験管の片方）に移し替える。金の溶けた水銀（アマルガム）は非常に濡れ性が高く、ガラス面にこびりつくような挙動をするようになる

↓

8. アルコールランプやマントルヒーターなどで加熱し、水銀を隣のコールドトラップ内の試験管で受け取る。写真ではアルコールランプを熱源に使っているが、あまりに効率が悪いため、途中からマントルヒーターを使った

↗

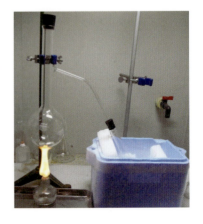

実験手順

9. 数mgではあるが、フレーク状の金が得られた！

 解説

＊身近に眠る都市鉱山

　まず材料の説明をしておくと、都市資源として使う試料は、ジャンクパーツとして売られている基板なら何でも良いです。特に古い機種であるほど、使われている金の量が多く、安いためオススメです。

　今回は携帯電話を使いましたが、メモリーカードなどの端子部分も金が多く使われており、秋葉原などでは数十円と、100円以下でまとめて買うこともできます。

　いずれのジャンクパーツ店でもkg売りなどを行っている場合があるので、教材用としてまとめて購入すると安く上がります。1kgの基板があれば、うまくいくと2〜3gの金が取れることがあります。そうなると、金の買い取りセンターに行けば、金だけで15,000円の値段（実際は手数料などを引くと1gあたり3,300円程度）で買い取ってもらうところまで実践できます。これは、この実験を通じて、それだけ純度の高い金が得られる、ということでもあります。

＊アマルガム法

　今回、金は水銀でアマルガム化して抽出しています。水銀の入手方法として
は、試薬で購入すると、100g（一級試薬）であれば2,000円前後で購入でき
ます（500gの特級であっても、5,000円程度です）。実験に使用するのは
50gもあれば十分で、再回収できるので繰り返し使うことができます。

　裏技的にはなりますが、ネットオークションなどに出品されている、壊れた
古い水銀マノメーターなどは大量の水銀が入っているため、破壊して回収する
と大量に得ることができます。

　今回は水銀を使って抽出しますが、現在主流とも言える工業的抽出法はシア
ン化法と呼ばれるものがあり、名前の通りシアン化物を使う方法です。シアン
化物は水銀の比でないほど猛毒であり、危険を伴い過ぎるので、今回は水銀を
用いたアマルガム法を紹介しました。

＊基板を分解する際の注意点

　都市資源回収の最も難しいところは、様々な部品に細かく資源が入り組んだ
状態で使われており、抽出法を確立しにくいところにあります。今回の実験で
も、金の含まれる部品（メッキされた部品）をバリバリと無造作にむしり取ら
なければなりません。また、ジャンクパーツが汚れていれば、適当な大きさに
切り取ったあと、それを水を入れたバケツにどんどん入れ、上から食器洗い用
の洗剤を適量入れ、棒でかき混ぜることで、基盤についたヤニやホコリを除去
することができます（元の素材が綺麗であれば、この工程は必要ありません）。

　基板上の金は黄金色なので、見ればすぐにわかるでしょう。この部分を可能
な限りかき集めます。どうして分離が必要なのかというと、他の金属の混入を
極力減らすためです。特に基板全部を水銀処理すると、大量の不純物が入って
しまいます。というのも、水銀は金以外にも銅や鉛などを強力に溶解します。
特にハンダは要注意で、ハンダの主成分である鉛は電子回路には大量に使われ
ており、混入すると除去が難しくなります。ある程度分解できたら、あとは基
盤からできるだけ不要な部分を入れないように、メッキされた部分のみをペン
チやニッパーを使ってむしり取っていきましょう。適当な量を瓶に集めたら、
次の工程に移ります。

*いざ水銀で金を抽出!

　金が水銀に溶ける(アマルガム化する)というのは口で説明しても理解しにくいものなので、生徒の目の前で少量のメッキされた部品をむしり取って、それを瓶の中に入れて振ってみて、すぐにメッキが取れることを確認させると良いでしょう。アマルガム中に含まれる他の金属が少ない場合は液状ですが、他の金属が多くなるにつれ、色の変化や流動性の変化があり、その変化も観察しておきます。

　水銀はご存知の通り、液体の金属であり毒性もあるため、実験に際しては絶対にこぼさないように注意が必要です。水銀をこぼしてしまった場合は亜鉛粉末を上から塗布し、優しく混ぜることで硬いアマルガムとなり、安全に回収することができます。これは、水銀は他の金属と合金を作りやすいという特性によるものです。

*水銀と金を分離させる

　金が溶け込んだアマルガムは、そのまま水銀を蒸発させるだけで金を取り出すことが可能な上、回収して再利用することができます。

　しかし、水銀は毒性が強い金属なので、大気中への放出は避けたいところです。そのため、二股試験管の片方にアマルガムを入れて加熱し、二股のもう片方をドライアイスなどで冷却するという方法で回収します。この蒸留をうまく成功させるために、最初に二股試験管のゴムを少し短く切っておき、注射針などを刺して中を減圧し、真空に近い状態にしてから加熱を行うと効率が良くなります。水冷でも回収可能ですが、可能であればドライアイスなどで冷やします(今回の実験写真では液体窒素を使っていますが、ドライアイスで十分です)。

*不純物を除去する

　アマルガムを熱して水銀を除去すると、フレーク状の含金物が得られます。この状態でも、極めて金の含有量が高い物体となっており、このまま金の素材として使っても良いですが、可能であれば不純物を除去したいところです。

　金の精錬技術は古くから知られており、灰吹法などが有名です。この方法は空気中で強熱して金や銀といった有価な金属以外を酸化物にしてしまって、除

去する方法です。この方法を使えば、金や銀以外の卑な金属を簡単に除去できます。

今回の電子基板から丁寧にトリミングして回収した含金部分であれば、不純物は銅だけと言えます。金と銅の分離は簡単で、硝酸に溶解すれば終わりです。溶解してしまえば溶け残るのは細かい粒子状の金だけとなるので、銅は除去できます。これで金の精製はほぼ完了です。濾紙であつめて乾燥させれば、極めて純度の高い金になります。

*これは本当に金？　金の確認方法

金は極めて安定した金属であり、空気中で酸化されることはありません。それ故に端子部分など高い電導性が求められる箇所には好んで使われているわけです。

金の確認は展性で確認するのが確実です。取り出した金を一箇所に集めて金槌で叩いてみます。すると、非常に柔らかい金属であるため、簡単に一体化して良く伸びます。銅は比較的硬いので金ほど簡単には伸びません。金の展性に近い金属として鉛がありますが、鉛は鉛色をしているのですぐに判定できます。また硝酸に入れてみると、ほとんどの金属は溶けますが、金は溶けません。

02 アマルガムで金メッキ

 用意するもの

ハンダ用フラックス：板金用のハンダ付け用品として販売されている。ホームセンターで数百円程度で購入できる

適当な銅板：表面を紙ヤスリなどで磨き、新鮮な面を出しておくと仕上げも美しくなる

金と水銀がアマルガム化したもの：先ほどの実験で作ったもの、あるいは市販の金箔を水銀に溶かしても良い

コールドトラップ

注意事項 水銀の蒸気が発生するので、換気の良い場所、できればドラフト内で行うこと

実験手順

1. 銅板にフラックスを塗りつけ、湿潤しているところにアマルガムを乗せる

2. アマルガムが隅々まで行き渡ったら水で洗ってフラックスを除去し、強く熱して水銀を除去する。当然水銀は大気中に解放されてしまうので、ごく少量で行うこと

3. 綺麗な金メッキが完成。金は強力についているので、多少やすりでこすっても落ちない

＊今度は金メッキを実演して見せる

　金メッキはアマルガム法の途中で簡単に実験してみせることができます。アマルガムを適当な金属の上に塗りつけ、加熱して水銀を飛ばすと金だけが残る……といった具合で金メッキができるのです。奈良の大仏などはこの方法で金メッキがほどこされていたようです。

　アマルガム金メッキがしやすい金属は、銅が確実です。銅とアマルガムは馴染みやすく、簡単に塗りつけられるからです。これを冶金用語では「濡れ」などと言います。濡れている状態とは、表面にアマルガムが薄い膜状に満遍なく行き渡ってる状態です。逆に、濡れていない状態とは、アマルガムが一箇所にダマになっていたり、グズグズの状態で銅の上に載っていることを指します。濡れを良くするには、あらかじめ銅板を紙やすりなどでよく磨き、新鮮な面を出しておくことで濡れ性が良くなり、仕上げも美しくなります。

＊フラックスを使う理由

　ここで紹介しているように、最も簡単な方法としてフラックスを使ってしまう方法があります。フラックスとは、金属表面の酸化物を除去して活性状態にしてくれる薬品です。塩酸や塩化アンモニウムなどが主成分であり、板金用のハンダ付け用品として売られています。これを銅板に塗りつけると、銅の色は綺麗な銅の色と言うより、桃色に近いような色になります。そしてフラックスで湿潤しているところにアマルガムを乗せると、直ちに隅々まで行き渡り、綺麗にコーティングされます。

　うまくアマルガムが隅々まで行き渡ったら、簡単に水で洗ってしまいます。これは余計なフラックスを除去するためです。フラックスは腐食作用が強いので、用が終わったら洗い流してしまうのが理想です。アマルガムは半分液状ですが、簡単に洗ったくらいでは流れません。洗浄が終わったら、強熱して水銀を除去すれば、金メッキは完成です。

　当然、この操作は確実に水銀の蒸気が発生するので、換気の良い場所やドラフト内で行うのが理想的です。

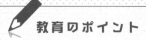 教育のポイント

＊我々の生活を支えるレアメタル

　都市鉱山資源。今回は「金」を取り上げましたが、他にも多くの希金属（レアメタル、レアアース）が金属や化合物として、身の周りにたくさん使われています。例えば、白色LEDは蛍光体にセリウム、液晶ディスプレイには透明電極としてインジウム、磁石の強度を上げるためにネオジムやジスプロニウム、自動車の煤煙浄化触媒には白金やパラジウム……などなど、調べてみると、思いの外我々の豊かな暮らしは、レアメタルなしには成し得ないものであることがわかってきます。

　授業では、そうした希元素が必要であると同時に、レアメタルがどのように生産されて、どのように供給されているのかといった社会的背景にまで及ぶことを紹介すると、現在話題になっている海底資源などの社会情勢などにも興味を持たせることが可能です。

　また、鉱物の抽出という観点から見ても、例えば、鉄バクテリアから鉄を取り出すバイオリーチングなど、掘り下げてみると面白い研究テーマが出てきます。

Experiment 実験 No.06

どんどん色が変わる液体
酸化還元

| 難易度 | ★☆☆☆☆ |
| 対応する指導要領 | 化学／物質の状態と平衡
化学基礎／物質の変化 |

酸化・還元を授業で扱う際は、無味乾燥な反応式の説明だけが行われていることが多い。しかし、式だけでは一体何が起こっているのか、イマイチ理解できないもの。カラフルに色が変わる液体を使って、酸化還元の仕組みを理解させる

Oxdation-reduction

067

| 実験の目的 | 反応式の説明だけでは理解しにくい酸化・還元という現象を体感することで、本テーマへの興味・理解につなげる |

中学、高校で扱う「酸化・還元」というテーマがありますが、このテーマはあまりにも漠然とした内容で、生徒もいきなり抽象的な反応式の話だけをされて、実感らしい実感を得られないパートであるように思います。

そこで、酸化還元を教える前に、壇上ないし生徒が実際に実験してみることで、酸化還元を体感学習させる教材として、いくつかの溶液の色が変わったり消えたりする実験を行います。

見事に色の変わる実験を見せ、その原理を説明した時にようやく話が見えてくるからです。中学教育では構造式が難し過ぎると思われる場合は、それを「分子」という1つの塊として教えることで、十分に理解が可能です。実際に筆者も、中学生に酸化還元を教える際は、この実験を見せてから、説明するようにしています。

01 基本実験
カメレオン的！ 信号反応

》用意するもの

透明なポリ容器：容量が200ml程度のもの。ペットボトルでも可

水酸化ナトリウム 1g：劇物ではあるが、薬局などで購入可能、学校には大体あるはず。水酸化カリウムでも良い

ブドウ糖 2～5g：スーパーで売られているブドウ糖の塊などで良い

インジゴカルミン 20～50mg：試薬以外にも青色2号として通販でも購入可能

水：水道水で十分

インジゴカルミン

ブドウ糖

▶ Oxidation-reduction

注意事項 最近の試薬の水酸化ナトリウムはペレット状なので粉塵などは出にくいが、強塩基なので取り扱いに注意すること

実験手順

1. ポリ容器に、水100〜200ml、水酸化ナトリウム（あるいは水酸化カリウム）を100ml当たり1g程度入れる。このとき、容器の2/3以上入れないこと

   pHが13前後になれば良い

   ↓

2. 水酸化ナトリウム（あるいは水酸化カリウム）が完全に溶けきったら、100ml当たり2〜5gのブドウ糖を入れる

   ↓

3. 溶液にインジゴカルミンをマイクロスパーテルでほんの少し加えると、緑色の水溶液になる。安定するまで10〜20分静置しておく

   少量のインジゴカルミンで、綺麗な緑色の水溶液になる

   ↓

069

実験手順

4. 溶液が次第に赤色→レモンティーのような黄色になる。落ち着いてから軽く振ると赤色、強く振ると3の緑色に変化する

分子の小さな差異が、色の移り変わりを見せる

＊実験の実施と注意事項

　まず容器の説明からです。容器は透明のもので、材質がガラスではなく、PETやポリ容器といったプラスチック製のものを使ったほうが、万一落とした場合でも割れることなく、安全に実験を行わせることができます。

　この容器に100～200mlの水を入れますが、反応するための空気を確保するため、水溶液は容器の2/3までにしてください。そこに水酸化ナトリウムを水100ml当たり1g程度入れます。あまり厳密ではなくても良いですが、100ml当たり5gを超えてしまうと、pHが上がり過ぎてうまくいかないので注意が必要です。

　水酸化ナトリウムの取り扱いが問題となる場合は、あらかじめ1％水酸化ナトリウム水溶液に調整しておいたものを容器に入れて渡しましょう。1％水酸化ナトリウム水溶液であれば、毒劇物ではなくなります（濃度の関係上、法的にも一般販売可能な排水溝洗浄液のような扱いになるためです）。ただし、排水溝洗浄液をこの実験に用いると、安定剤やその他、界面活性剤が反応を阻害

するので使えません。

　水酸化ナトリウムが完全に溶けきったことを確認したら、そこに100ml当たり2～5gのブドウ糖を入れます。水酸化ナトリウムが溶け残っている中にブドウ糖を入れると、直接分解が進んでカラメル色素となり、液の色が薄黄色になってしまいます。これでは実験失敗となるので、注意してください。

　ブドウ糖は砂糖のようなものとして、実験前に味見させても良いでしょう。高校ではブドウ糖の還元性が指導要領に盛り込まれているので、ここでよく説明しておくと良いです。

＊いざ3色変化！

　次にその溶液にインジゴカルミンをマイクロスパーテルでほんの少し加えます。インジゴカルミンは青色2号として知られる食品添加物でもあり、入浴剤にも使われているものです。水に溶けにくい結晶なので、あらかじめ濃い溶液を作っておき、それを配るという方法でも良いと思います。その場合は、10ml程度の水に100mg程度を溶かしたものを用います。水溶液にすると安定性は悪くなるので、2、3日以内に使い切るか廃棄するようにしてください。また、保存も容器の蓋をしっかり締めて溶液がこぼれないようにしておきます。

　インジゴカルミンを溶かすと、緑色の水溶液に変わっていきます。その状態で、しばらく安定するまで10～20分ほど静置しておきます。この安定状態に至るまでは水温がある程度高いほうがよく、35℃程度であれば2、3分で安定しますが、15℃以下になると安定するまでに20分近くかかってしまいます。授業に盛り込む場合は、季節に応じてお湯を入れるなどの工夫が必要になってくるでしょう。

　溶液は緑色から次第に赤色に変わり、レモンティーのような黄色になります。一端落ち着いたら、あとは軽く振ると赤色に、強く振ると緑色になる溶液の完成です。

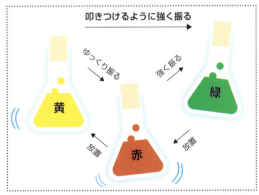

振ることによって色が変わる、カメレオン的な溶液が完成！

基本実験
02 一振りで真っ青になる液体

▶ 用意するもの

透明なポリ容器：先ほどの実験と同じものでOK
水酸化ナトリウム 1g、ブドウ糖2～5g：先ほど使用したもの
メチレンブルーorマラカイトグリーン：熱帯魚店などで魚の治療薬として売られている
お湯：40～50℃程度、水道水を沸かしたもので良い

実験手順

1. ポリ容器に40～50℃のお湯を入れ、先ほどの実験と同じ分量で水酸化ナトリウム、ブドウ糖の順番で溶かし込む

2. よくかき混ぜながら、メチレンブルー（ないしマラカイトグリーン）溶液を一滴ずつ加える。滴下するごとに色は消える。色が消えるスピードが落ちてきたら、滴下をストップ。冷まして安定化させる

実 験 手 順

3. あとはさっと振るだけ。鮮やかなブルーに変わり、1～2分経つと色が消える反応が繰り返し楽しめる

＊手品のような演出で、生徒の目も釘付けに！

　無色透明な溶液を一振りするだけで、目を疑うほど鮮やかな色の液体に変化する実験です。授業の際、最初は変色する一瞬をあえて見せずに布で覆い、手品のように見せることで、より興味を引くことができるでしょう。材料は信号反応と大差ありませんが、扱う色素が食品添加物ではなく、熱帯魚の治療薬として売られているものを利用するので、より入手が簡単です。ただし、加熱ないしはお湯が必要になるので、トータルでかかる手間としては同程度でしょう。

　材料、手順は信号反応とほぼ同じですが、最初の製作法が少し異なります。まず、40～50℃前後のお湯に、先述の実験と同じ分量で水酸化ナトリウム、ブドウ糖の順番で溶かしておきます。よくかき混ぜながら、そこに熱帯魚用のメチレンブルー（ないしはマラカイトグリーン）溶液を一滴ずつ加えていきます。このとき、滴下するごとに混ざっては色が消えていくのを確認しておきます。ある程度の量を加えると、だんだんと色の消えるスピードが遅くなってくるので、そこで滴下をストップします。容器の1/3は空気の入った状態にして、容器の蓋を締めて冷ませば、安定化します。

　完成した内容液は透明ですが、振ると色がさっとつき、1～2分で色がさっと消える反応が実演できます。メチレンブルーだと青、マラカイトグリーンだと黄緑の色の変化が楽しめ、マラカイトグリーンとメチレンブルーを同時に入れると、反応が混ざって非常に面白いでしょう。

教育のポイント

＊色が変わる理由

　原理としては、メチレンブルーやインジゴカルミンといった色を持つ化合物が、それぞれ酸素とむりやり反応して酸化体となったときに色味が変わるというところにあります。図解すると、下記のようになります。

＊インジゴカルミンの反応

黄色

振る（酸化）↓　↑放置（還元）

赤色

振る（酸化）↓　↑放置（還元）

緑色

　今回使用したインジゴカルミンは、中間体が赤色というスペクトルを持つため、赤、黄色、緑と3つの色を作ることができました。

＊メチレンブルーの反応

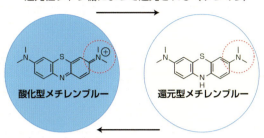

還元性ブドウ糖によって還元される（ゆっくり）

酸化型メチレンブルー　　還元型メチレンブルー

振ることによって入り込む酸素によって酸化（急激）

　一方、上記の図のように、メチレンブルーは無色と青色の間でこのような変化が起こっています。強く容器を振ることで酸素が溶液に混ざり、直接酸化が起きることで、色素の構造が変わり、それが色の変化を作り出しています。

　この一連の反応をプラ容器の中で、しかも振るだけで見ることができるのがこの実験の醍醐味です。なおかつ色が変わる液体という、子どもが思い描く「化学」という点でもピタリと一致するので、好奇心をあおることができます。

＊授業での説明手順

　ご存知の通り、ブドウ糖は単糖類を代表する糖類で、還元性を持つことが知られています。これらは還元糖といい、塩基性溶液中でアルデヒド基またはケトン基を持つ直鎖状になります。還元性を持った状態のブドウ糖は、メチレンブルーやインジゴカルミンの酸化体を還元する力があるのです。

　そこで「フルクトースには還元性がない」と平文で暗記させる以前に、この実験を応用して、フルクトースとグルコースを使用して実演すれば、還元性の有無を目の前で体感して覚えることができます。

　銀鏡反応は一瞬であり、また扱う試薬が高額になってしまうので、生

徒に行わせるのは限界があると思われますが、今回紹介した実験であれば、材料はきわめて安価であり、危険性も水酸化ナトリウムの取り扱い程度であるので、比較的安全に行うことができる点も、本実験の大きなメリットです。

　また、色素というものがpHや熱、光といった環境でどのように変化するかといった考察は高校生以上で、高レベルな化学授業では程よい難易度と言えます。また、本実験の溶液は、いずれも半日と持たず、反応しなくなってしまいます。なぜ反応しなくなるかという点についても、考察すると良いでしょう。

　ちなみに、インジゴカルミンは塩基性環境では分子構造自体が壊れ、分解していくという特徴があります。また紫外線でも分解が促進されるため、入浴剤の着色料として使われています。着色する入浴剤の中には洗濯用に残り湯を使えるものが多いですが、その風呂の湯の色が洗濯物につかない理由として、洗剤の大半は塩基性であり分解が進むからです。さらに、衣類に多少残ったとしても、干して紫外線に当ててしまえば色は完全に消えてしまうことから、入浴剤入りの残り湯でも洗濯が可能なわけです。

　インジゴカルミン以外にも同様の性質を持つ色素は多種多様にあるので、インジゴカルミンの代用に、入浴剤などを使ってみても良いかもしれません（ただし、炭酸塩や硫酸塩などが入っているものが大半なので、反応がうまくいかないこともあります）。

　この身近な化学と本実験へのつながりを、授業の中で生徒に気づかせることで、我々の生活の中に、どれだけ化学が浸透しているかを体感させることができるでしょう。

Experiment 実験 No.07

食品添加物のパワーを体感する！

難易度	★☆☆☆☆
対応する指導要領	科学と人間生活／物質の科学 化学基礎／物質の構成

誰もが身近に接しているはずの存在、食品添加物。しかし、それがどんな働きをしているのかは知らないことが多い。楽しく学ぶだけでなく、食という毎日接するものを通じて、世の中の見方を変える！

Food additive

実験の目的	「得体の知れない添加物」と盲目的にならずに、なぜその添加物が使われているのか、化学物質とはどんなものなのか、実際に触って、その効果を学習する。ひいては食品加工というものが、いかに高度に洗練された技術の上に成り立っているのか、我々がどれだけの恩恵を受けているか、安く安全に提供するために何が犠牲になっているのか？　そうしたことを考察するきっかけを提供する

　毎年5月に東京ビッグサイトで、「国際食品素材/添加物展・会議（ifia：アイフィア）」というイベントが行われています。日本は食品の加工技術ではトップクラス、最高峰と言っても良い技術を誇る国です。門外漢と言わず、機会があれば是非1度訪れてみていただきたい素晴らしいイベントで、各社がいかに食品をおいしく、楽しくするために技術開発をしているかを垣間見ることができます。

　しかし、そんな盛り上がりとは反対に、世間の食品添加物への風当たりは良いとは言えません。食品添加物が誤解される要因としては、「得体の知れなさ」という一言に尽きるように思いますが、この「得体」の部分を身近なものだと思えなければ、文面や論文でどれだけ安全・安心と言われても、多くの人々には伝わりにくいでしょう。

　そこで、今回のテーマは食品添加物を応用した実験です。近年のネット通販の充実などによって、多くの食品添加物を簡単に手に入れることができるようになりました。

　食品添加物は当然口に入るものなので安全性は高く、なおかつ実験教材としても食品という身近なものである点も相まって、化学に興味を持たせるには優秀な教材であるように思います。

　そして添加物が使われている理由、それぞれの物質としての性質を、実際に触ってその効果を体験してみることで、日々の食卓にも化学の力・恩恵が働いていることを実感し、より深い視点での気づきを得られるよう話を展開していきます。

　また添加物は派生研究課題も作りやすく、自由課題のテーマとしても優秀であるので、全国の先生方に食品添加物による実験を広めていただきたく、紹介する次第でもあります。

01 基本実験
乳化剤で植物性ミルクの合成

用意するもの

70℃の湯 30〜40ml
サラダオイル 10ml
ビーカー
電子レンジorお湯
温度計
ホイッパー：小さめのサイズのもの
乳化ワックス 3〜5g：楽天などの通販サイトで、「乳化ワックス」と検索すると、数回の実験に十分使える量が数百円で売られている

注意事項 お湯による火傷に注意

実験手順

1. ビーカーにサラダオイル、乳化ワックスを入れる

↓

実験手順

2. 電子レンジか湯煎で70℃以上に温める

3. 乳化ワックスが溶けたら、同様に70℃に熱したお湯を少しずつ入れ、撹拌を繰り返す

4. 最後は小さなホイッパーなどで混ぜると、牛乳のような乳化した状態になる

実験手順

＊ 本来水と油はこのように相反して溶けない（極性が違う）ということをあらかじめ見せておき、この極性の違う2つの液体が乳化することでコロイド化し、見かけ上は溶けた状態になることを説明しておくと、さらに理解が深まる

＊目で見て体感する「コロイド」

　高校化学で学ぶ「コロイド」の教材として、牛乳が水と油によるコロイドであることを実感させるため、実際に牛乳もどきを作ってみる実験です。

　スーパーで当たり前に売られている植物性ミルクを作ってみれば、「乳化」というものを教科書の中の味気ない図で終わらせることなく、具体的に見せることができます。

　注意点としては、工業的に作られているコーヒーフレッシュや植物性ミルクは、超音波攪拌を段階ごとに数時間以上行って丁寧にかき混ぜられているので、滅多なことでは分離しませんが、今回の簡易実験では数時間程度で分解が始まってしまい、作り置きはできません。

　また、材料が水、サラダオイル、乳化ワックスだけで作っているため味はひどいものなのと、そもそも乳化ワックスの多くは食用のものではないので、口にはしないでください。

　よりきめ細かく混ぜたい場合は、次ページに載せているような超音波洗浄機（眼鏡洗浄機）を使って攪拌すると、さらに滑らかなものを作ることができます。

眼鏡の洗浄などに使う、超音波洗浄機。小型のものであれば、3,000円前後から入手が可能

02 基本実験
コンビニの100円アイスを完全再現

用意するもの

バニラ香料 少々
植物性ミルク 1本（200ml）
ガムシロップ 適量：砂糖でも可
レシチン 小さじ1杯程度：粉末でも液体でも可。ネットショップなどで検索すると乾燥させた粉のものやサプリメントなどが多く見つかる
クチナシ色素：より本物に近づけたければ用意する。黄色系の着色料であれば何でもOK
ホイッパー：電動のハンドミキサーを使うとラクにできる。安いものなら1,000円前後から手に入る
ボウル

今回の材料たち

memo レシチンを加えなくても、市販の植物性ミルクには多くの乳化剤が含まれているので、実験としては十分なラクトアイスクリームが出来上がります

082

実験手順

1. ボウルに植物性ミルクを入れ、ガムシロップをしっかり甘く感じるぐらいの量を溶かし、ホイッパーで泡があまり立たないようにゆっくり混ぜ込む

↓

2. レシチンを加え、ホイッパーで混ぜ込む

↓

3. バニラ香料、（必要であれば）着色料を入れる

↓

実験手順

4. 適当な容器に流し込み、冷凍庫で冷やし固める

↓

それらしい容器に入れると、さらに本格的に見える

5. 完成！

試食してみよう！

※. 右は黄色着色料を入れたもの。さらに市販のアイスに近づいた！

味もなんだか違うように感じる？？

 解説

*アイスクリームを通して見えるもの

　今回は、誰しもが口にしたことのあるアイスクリームを題材とした実験です。

　乳化剤を使う実験で、植物性ミルクとは何なのかを学んだあとにこの実験を行うことで、コンビニアイスやファストフードのシェイクといったものが、いかに乱暴な材料で構成されているかを知ることができます。

　本来本物のアイスクリームは、バニラビーンズ、牛乳、砂糖、卵といった材料からできています。それをバニラ香料、植物性ミルク、ガムシロップ、レシチンという全く別の材料に置き換えて、味は似ていても、実際は似て非なるものを作ってみせるわけです。

　最近は乾燥レシチンがサプリメントとして売られているので、それを利用することで簡単に人工的なアイスクリームを作ることが可能です。また、本物のアイスクリームと違って、冷凍→攪拌という作業をする必要がなく、材料を混ぜて、凍った時点で完成です。少々乱暴に作っても、コンビニで売られているアイスクリームと遜色ないものが出来上がります。

　食品表示ラベルなどから本来のアイスクリームの材料や製法、そしてカロリーや栄養面の差を調べさせ、食とそれを取り巻く技術に興味を持たせることが狙いです。

03 基本実験
ゲル化剤で青色ジャム

 用意するもの

ガムシロップ
着色料： 食紅などの食用色素
酸味料： 酒石酸など
水： ガムシロップや着色料を混ぜやすくするため、水を少しずつ加えて粘度を調節する
CMC： カルボキシメチルセルロース。「CMC 1kg」など分量で検索すると販売サイトが出てくる
ボウルなどの適当な容器

085

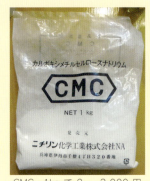

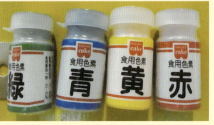

CMC。1kg で 2 〜 3,000 円ほど

いわゆる食紅。様々な色があり、今回の実験では青色を使用した

 注意事項 CMC 自体は粉であるものの、吸湿性があり、床にこぼれると非常に滑りやすい状態になるので、こぼさないように注意

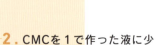

1. ガムシロップ、着色料、酸味料、水を混ぜ、甘酸っぱい味にする

↓

2. CMCを1で作った液に少量ずつ加え、かき混ぜていくと、すぐにゲル状になり、完成

より見やすいよう、バットに広げたところ。世にもまずそうな青色ジャムの完成

解説

＊身近なゲル化剤

　一般に使われる食品添加物の中で、ゲル化剤はメジャーな存在です。また、添加物としてのゲル化剤は取り扱いも簡単で、粘性の高いスライム状の液体を簡単に作ることができ、価格も安いため、ゲルというものを学ぶにはちょうど良い教材となってくれます。

　適当に甘酸っぱく味付けすることで、駄菓子のような味を作ることができ、安価でジャムもどきが簡単に作れてしまうことが実感できます（実際、安いジャムなどは、ゲル化剤でかさ増しされています）。ゲル化剤を入れると、すぐに中の液体がゲル状になります。バットに広げて触ってみたり、味見をしてどのようなものか体験し、なぜゲル状になるのか、ＣＭＣの分子構造を見ながら考察していくと良いでしょう。また、ゲル化剤は目薬や化粧品などにも使われていることなどに触れれば、とても身近な存在であるということも実感してもらえるはずです。

04 基本実験
魔法の粉であのインスタントスープを作る

 用意するもの

食塩
ハイミー
まつたけ香料
湯
紙コップなどの容器
（カツオブシ ※追加実験用）

 分量を間違うと味がおかしくなるので、予備実験をしておくと良い

実験手順

1. 容器にお湯を入れ、濃度が1％になるように食塩を入れる
2. 一口飲み、塩辛いだけのお湯だと確認させる
3. ハイミーをごく少量入れ、再度味見する
4. まつたけ香料を1滴加え、再度味見する

*うまみの体感実験

　5つの味覚のうち、最も形容が難しい「うまみ」を体感することで、その存在感、必要性、また簡易に味が作れてしまう添加物の本質を体験することができる実習です。ハイミーを一振り入れた段階で、ただの塩水がお吸い物のような味に変化するので、たいていの生徒は驚くことでしょう。さらにまつたけ香料を加えれば、あっという間にあのインスタントスープの味に早変わりします。

　追加実験として、ハイミーの代わりにカツオブシでダシを取ってみると、味の調整が大変である反面、味の奥行きの違いが体感でき、本物と人造という味覚の差を体験させることができます。

　人間の味覚というものが、いかに変化するかを体感するにはちょうど良い実験だと言えます。

オマケ実験

味覚のマスキング

用意するもの

- **ギムネマ茶**：漢方薬局などで500g〜1kg入りで3〜4,000円程度

memo　ハイミーは少量で効果を及ぼすので、使用量は必ず一振りより少ない分量を心がける。多過ぎるとえぐみを感じてしまい、まずくなる

解説

＊「甘い」がわからなくなる⁉

　今回の添加物の話とは少しずれますが、味覚を扱うという点で、簡単に手に入るもので面白い実験ができるので紹介します。実験と言っても、漢方薬局店などで販売されている、ギムネマ茶を沸かして飲み、甘いものを食べるだけです。事前にクッキーやチョコレート、角砂糖などを味見した上で、ギムネマ茶を飲んで、再度味見することで、クッキーは砂のような味に、チョコレートは油を食べているような感覚に、角砂糖はじゃりっという歯応えしかないという、非日常体験が可能です。

　ギムネマにはギムネマ酸が含まれており、これが味蕾の甘み受容体の強力な阻害剤として働くことが知られています。ギムネマ茶からギムネマ酸が抽出されたお茶を作るには、ギムネマ茶葉をティーバッグにいれ、ぐつぐつと20分以上煮込み、30分放置すると完成です。ギムネマ酸が多く溶け出したお茶を口の中に10秒ほど含んで飲み込むことで、味蕾に入り込み、甘みを感じなくなります。

　ギムネマ酸は1時間もすれば分解されてしまうので、食事時でもない限りは特に問題もなく、味覚というものが、化学物質によって引き起こされていることを実感することができます。また、面白いことに人工甘味料の甘みさえマスキングしてしまいます。このことからも、甘みの受容体の反応阻害というより、受容体自体に結合してしまい、なかなか外れないという仮説も体感することができます。

 教育のポイント

＊食品添加物を通して、化学の恩恵を知る

　食品添加物というと、食品に不要に添加されているイメージがありますが、そんなわけは当然なく、きちんと役割があるから添加されているわけです。そうした食品に使われている化合物を実際に取り寄せ、実演して見せることで、我々の生活は化学の恩恵で成り立っているというこ

とを実感させることができます。

　食べ物に入れるものなので当たり前ですが、一部の厳正な使用制限のある添加物を除き、ほぼ全ての食品添加物は毒劇物ではありません。加えて、近年の通販会社の充実により、今までは20kg以上の取り扱いしかしてこなかった業者の多くが、1kg以下の小売りを始めており、多種多様な食品添加物を購入できるようになりました。一部はスーパーや薬局などでも買い揃えることができるので、実演は非常に簡単です。また、ネットショップで1つの業者からまとめて購入したほうが安いので、必要なものをリストアップして、まとめ買いするのがオススメです。東急ハンズに行けば、多くの添加物がケーキコーナーなどで販売されています。

＊代表的な食品添加物

　入手が容易な化合物の代表的なものとしては、クエン酸などの酸味料があります。特にクエン酸やアスコルビン酸はどこでも購入が可能な有機酸であり、優秀な酸味料と言えます。アスコルビン酸は別名ビタミンCですが、案外このことに気がついていない人も多いでしょう。話はそれますが、テレビなどで「レモン何個分」などと紹介されているのは、このアスコルビン酸がどれだけ入っているかというだけの話です。小さじ1杯で約2g＝2,000mgなので、レモン100個相当となるわけです。酒石酸やリンゴ酸はネットショップなどで注文するか、薬局で食品添加物用のものを購入でき、500g入りで2〜3,000円程度です。

　着色料は製菓材料としてスーパーなどでも緑、赤、黄色などが売られています。ネットショップや東急ハンズを見れば、青色や、ムラサキイモやイカスミなど天然由来の色素も数百円で売られており、カラフルなので生徒の目を引く実験には打ってつけと言えます。またpHの変化で色が変わるものも多く、別の実験にも使えます。

　甘味料はカロリーゼロということで浸透していますが、イマイチ、その実体に触れられていないものだと思っています。それぞれの化合物の

中には、人間が甘さを感じるための受容体の立体構造を必要最低限持つもの、砂糖を代謝できないように分子構造を変えたものなどがあります。

　うまみ調味料としては、ほぼ純粋なグルタミン酸ナトリウムが「味の素」として販売されているので、どこでも入手が可能です。一方、カツオやしいたけのうま味成分であるイノシン酸やグアニル酸といったものは5'-リボヌクレオチド二ナトリウムとして1kg単位で売られています。そこまでのものを買わなくとも、実験でも紹介した、味の素の「ハイミー」などでも十分です。ハイミーはグルタミン酸ナトリウムに5'-リボヌクレオチド二ナトリウムを混合したものなので、より味に複雑性を持たすことができるように調整されています。

　増粘剤は、スーパーでは寒天や片栗粉、ペクチンなどを買うことができます。いずれも加熱して溶解させたものを冷却するとゲル状に固まります。実験で紹介したCMCは、セルロース系の増粘剤です。

　その他、乳化剤、香料なども通販を駆使すれば簡単に手に入れることができるため、様々な体験学習が可能でしょう。

＊実験に適した入手しやすい添加物
　・酸味料…クエン酸、酒石酸、リンゴ酸、アスコルビン酸、酢酸　等
　・着色料…黄色4号、青色1号、赤色102号、クチナシ色素、天然色素　等
　・甘味料…ガムシロップ、ダイエットシュガー、サッカリンナトリウム、ステビ
　　　　　　ア甘味料　等
　・うまみ調味料…グルタミン酸ナトリウム、イノシン酸ナトリウム、グアニル
　　　　　　　　　酸ナトリウム　等
　・増粘剤…ペクチン、片栗粉（精製デンプン）、CMC、デキストリン　等
　・静菌・防腐剤…グリシン、ソルビン酸カリウム　等
　・乳化剤…ソルビタンエステル、レシチン、乳化ワックス（ポリオキシエチレン
　　　　　　アラキルエーテル）等
　・香料…バニラ香料、レモン香料、イチゴ香料などはスーパーなどで売られてい
　　　　　る他、ネットショップなどで様々な香料を手に入れることができる

Experiment 実験 No.08

手作りで本格派窒素レーザー

難易度	★★★★★
対応する指導要領	科学と人間生活／人間生活の中の科学
	物理基礎／様々な物理現象とエネルギーの利用
	物理／電気と磁気

Nitrogen laser

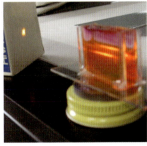

本来であれば厳しい条件を満たさないと見ることのできないレーザー。それを手作りで実現可能にした実験。レーザーを発振する工程を目の当たりにすれば、生徒の目も輝くこと間違いなし！

実験の目的 ハイテクの代名詞のように使われるレーザーを1から組み立ててみせることで、レーザー発振の原理への興味の喚起、理解を促す

　窒素レーザーは完全に自作が可能なレーザーの1つです。これは窒素レーザーの利得が他のレーザーに比べて非常に大きいため、自作してもある程度の精度のレーザーが発振できるからです。

　本来レーザーは極めて高精度に研磨・蒸着された共振ミラーを使う必要があり、反射率の管理は99.99％レベルであり、ほぼ完全な反射率を必要とする場合がほとんどです。同じガスレーザーであるヘリウムネオンレーザーなどは99.99％の反射ミラーと99.9％反射、0.1％透過のミラーを使う、つまり共振器の外へはほとんど光が出てこない状態を作り出す必要があり、調整は困難を極めます。レーザーはこれほどの条件を整えないと発生しないのですが、窒素レーザーに関しては極めて大きな利得のため、反射ミラーを必要とせずにレーザー作用を起こすことが可能なのです。レーザー用の共振器は不要であり、必要としても高精度のミラーでなく、ごく普通の手鏡程度のミラーで十分です。

　今回は他の実験に比べるとやや難易度が高いですが、使用しているのはテレビのフライバックトランス、ロータリーポンプ、ホームセンターに売られているアクリル板、ステンレス板、アルミホイル、PETシートといったもので、特別に入手が困難なものは使っていません。

　レーザー発明から50年以上経って、今やDIYでできるようになったというのは、感慨深いものがあります。

基本実験
窒素レーザーを DIY

▶ 用意するもの

PETシート：クラフト用の肉厚のシートを買えば、数百円で大きなものが手に入る
アルミシート：アルミホイルで十分
ステンレスの物差し：100円均一などにある、30cm程度のもの
アクリル板：数mm厚のしっかりしたものが良いので、端材屋などで買うと良い。た

← Nitrogen laser

だしカットは難しいので、ホームセンターで寸法を言ってカットしてもらうのもアリ

手鏡、スライドガラス 各1枚： P97の図のような小さな破片で良い

フライバックトランス： ブラウン管テレビを分解する、あるいはネットオークションなどで入手する。テレビを分解する際は、コンセントを抜いて2週間以上放置し、電気が抜けるのを待ってから分解する

太めの針金： アルミ針金が加工しやすく錆びないのでオススメ。チョークコイルの素材とする

エアカプラ 2つ： ホームセンターのコンプレッサーコーナーなどで売られている、高圧気体の流入用のバルブ

ロータリーポンプ： 真空ポンプとしては汎用品なので、ネットオークションなどで探せば、数千円程度で見つけることができる

強力な接着剤（アラルダイトなど）、セロハンテープ

ブラウン管テレビから調達したフライバックトランス

エアカプラ

注意事項　感電には要注意！　フライバックトランスから出力される電流はそれほど大きくなく、アークが指先から出て火傷をする程度。しかし、窒素レーザーに接続し、充電された状態では極めて強烈な電撃を受けることになる。本体のセットアップ次第では予期せぬ放電が起こることもあるので、できれば高電圧の取扱いの経験がある人がつくこと。また、レーザーは絶対に直視しないこと

095

実験手順

1. アルミホイルをシートの上に、はみ出ないようなサイズで敷く

2. 漏電しないよう、アルミホイルの角を丸く落とす

3. 裏返して、陰極とする

実験手順

4. 裏面には、2と同じく角を丸く切った、シートより少し小さいアルミホイルを貼る

5. 下記の図を参考に、窒素レーザーの本体を組み立てる。本体は両サイドからステンレスの物差しが電極として出た状態に。エアカプラは空気を抜く真空バルブとつなげる

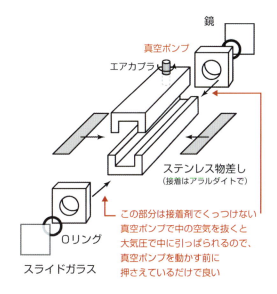

実験手順

6. 両サイドは片方を鏡、片方をただのガラスにしており、ロータリーポンプを動かして減圧すると中の圧力が下がって鏡などが吸いつくので、接着剤などで固定する必要はない。レーザーはガラス窓のほうから発射される

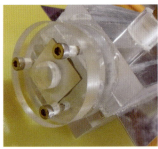

写真の装置は豪華に作ってあるが、もっと簡素なもので良い

7. 両サイドから入っているステンレス物差しは、中で触れ合わないように注意

実験手順

8. 本体が完成したら、アルミホイルをアルミテープ等で写真のように固定する

9. アルミ製の針金をペンなどに巻きつけて、写真のようなチョークコイルを作る。巻き数などは適当でかまわない

10. 両極を挟み込むようにチョークコイルを設置する

実験手順

11. エアカプラをローターリーポンプにつなぐ

↓

12. P102に掲載されている全体の回路図を参考に結線し、人が触れていないことを確認した上で電源を入れ、動作開始させる。中が程よく減圧されると、装置の中でシート状放電が起こりやすくなる。実験中はレーザーが目に入らないよう注意！

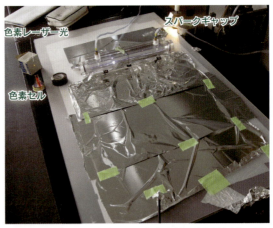

装置の全体図。アルミホイルの大きさが足りなければ、ガムテープ等でつなげても良い

実験手順

─ * 色素レーザーも発振可能！

＊ポイントは高電圧発生装置

　今回の実験のレーザー本体は、図版や写真を参考に組み立ててみてください。気密性が大切なので、アラルダイトなどの強力な接着剤でしっかりと隙間なくくっつけることが大切です。

　さて、今回もステンレスの物差しやアクリル板、アルミホイルなど身近な材料で作ることができますが、発振させるための電源、肝として必要になるのが高電圧を発生させる装置になります。条件としては、1万V以上の高電圧を発生させられるような電源が必要です。できれば1～5万V程度間で上げられると理想です。ネオンサイントランスやフライバックトランスなどが入手の面で手頃と言え、直流出力が必要なため、フライバックトランスは理想的です。

　現在はあまり見かけることのなくなったブラウン管タイプのテレビの高圧部分を切断して、高圧電源として使う方法もあります。テレビ内部にはフライバックを駆動するインバーター回路が内蔵されているので、特に複雑な改造なしで高電圧を利用できるのです（フライバックトランスの構造は、「UZZORS2K」http://uzzors2k.000webhost.comというサイト内にて紹介されているので、興味のある人は見てみてください）。

　ちなみに、今回の実験における最大の注意点は感電と言えます。フライバックトランスから出力される電流はそれほど大きくないので、致死的ではありま

せん。アークが指先から出て火傷をする程度です。しかし、窒素レーザーに接続すると話は変わってきます。窒素レーザーは構造的にコンデンサ成分を含むため、充電された状態では極めて強烈な電撃を受けることになります。

またレーザー本体のセットアップ次第では予期せぬ放電が起きる可能性があるため、そうした高電圧の取り扱いにある程度経験のある人がいたほうが良いでしょう。

＊パルスパワー回路の仕組み

窒素レーザーを駆動するには、パルスパワー回路と呼ばれるものを使います。小さなエネルギーでも瞬間的に狭い領域に注入すれば、極めて大きな仕事を可能とします。窒素レーザーはまさにパルスパワー発生回路そのものであり、レーザーチャンネルと呼ばれる電極間にMWクラスの電気エネルギーを注入します。これは高電圧パルスパワーと呼ばれる方法であり、コンデンサやインダクターを巧みに利用して、大きなピークパワーを発生させることが可能です。

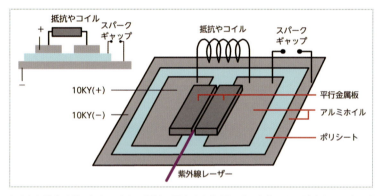

大まかな構造は見てわかるように単純。要点さえ心得れば、多少つくりが適当でも十分動作する。動作中は絶対装置に触れないように!!

窒素レーザーの回路自体は単純であり、絶縁プレート1枚とアルミホイル3枚ほどで構成できます。絶縁プレートはPETやアクリルなどのプラスチック板を用いますが、耐電圧が大きく、コロナ放電による損傷に強い素材であれば、他にも利用可能な素材はあります。

今回作成した窒素レーザーは、アルミホイルで絶縁板をサンドイッチしてい

るため、電気回路的にはコンデンサとして振舞います。2個のコンデンサを構成して、片方のコンデンサを短絡して急激に電圧を降下させると、もう片方のコンデンサの電荷が瞬間的に移動しようとします。するとレーザーの電極に強烈な放電が発生し、電極間のガスを励起します。励起エネルギーが十分で、誘導放出が自然放出を上回ったときにレーザーが発生するわけです。

　窒素は大気中に含まれる分で十分なので、毎分1L以下の空気を少量ずつ導入します。この状態で真空ポンプやアスピレーターなどを動作して圧力を調整します。均一なグロー放電が起これば成功です。窒素の導入は、上部のエアカプラ部分から行います。カプラは2つつけておき、片方は減圧用、もう片方を窒素導入用とします。

　この時減圧し過ぎると、放電が鋭いシート状になるはずが、もやもやしたオーロラ状になってしまいます。励起を高密度で行うには、下記写真のように、シート状に放電が広がるのが理想です。

安定動作時に見られるシート状放電

＊窒素レーザーなら、共振器は手鏡で十分な理由

　窒素レーザーにおける共振器は、かなり適当でも問題ありません。共振ミラーがなくてもレーザーが発生するため、反射ミラーに対する要求は高くありません。共振器に光を一度戻すだけで十分な誘導放出を起こせるからです。

　ここで注目すべき点は、光を反射させて共振器に戻すと、光の強度は2倍以上になることです。本来であれば、同じ強さの光を重ねても2倍にしかならない気がしますが、レーザーの場合はやや変わってきます。共振器に光を戻すと、戻ってきた光が励起中の原子に作用し、誘導放出を起こすからです。共振器に光を戻して誘導放出の確率を上げてあげると、2倍以上のパワーが得られます。

＊均一な放電のためのアドバイス

　窒素レーザーで重要なのは、均一なグロー放電を発生させることです。グロー放電とは紫色の帯状の放電であり、それほど眩しくありません。今回の実験では、強い閃光を伴う放電が一箇所に集中してしまうアーク放電が起こってしまうと、エネルギーは狭い領域にしか注入されず、レーザー発振は期待できません。

　窒素レーザーで一様なグロー放電を起こすには方法は何通りか知られているので、紹介します。

＊減圧

　最も簡単な方法です。アーク放電が起こらないよう、グロー放電になるまで中の圧力を下げてしまう方法です。ガス圧を下げるとそれだけ励起される原子が減るため、出力低下を招きます。実験室にあるようなロータリーポンプで数十秒減圧すれば十分です。今回の実験でもこの方法を用いて駆動させています。

＊ヘリウムを入れる

　ヘリウムは非常に放電しやすいガスであり、良好なグロー放電を簡単に得られます。また、大気圧以上で動作させられるため、高出力を得るには有効です。しかし、やや高価なガスなので使い捨てにするのはもったいないでしょう。

＊予備電離

　予備放電電極や紫外線、X線などで電極間で主放電に至る直前に、電極間に初期電子をばらまいておく方法です。構造が複雑になりますが、ヘリウムを使うことなくグロー放電を起こす有効な方法です。

＊発振してみる

　窒素レーザーの波長は337.1nmであり、人間の目にはほとんど見えません。皮膚に当てると青白く見えたり、黄色っぽく見えたりします。これは皮膚に含まれる成分が励起された色と思われます。印刷用紙に照射すると鮮烈な青色を発生します。この青色は窒素レーザーの色ではなく、紙に含まれている蛍光増白剤と言えます。

　337.1nmという短波長で、これだけ簡単に発生できるレーザーは貴重であり、様々な蛍光実験に使えます。

*色素レーザー

　色素レーザーは、ローダミンやクマリンなどの蛍光色素をアルコールなどの溶剤に溶かして、レーザー媒質に使った液体レーザーの1つです。色素は有機色素を使うのが一般的であり、蛍光物質を有機化学的に誘導体とすることで、発振波長を変えることができます。ローダミン系、クマリン系など色素を変えることで、青から赤色までの可視領域全域のレーザーを発生させることが可能です。これは他のレーザーには見られない非常に特異な点であり、蛍光分析などでは大きな威力を発揮します。

　色素レーザーの発生方法はとても簡単で、色素をガラスセルに入れ、液面とガラス面ギリギリの所に窒素レーザー光を集中します。一点に集中させるのではなく、線状に整形させるのがポイントです。細い線状に光を絞るには、シリンドリカルレンズと呼ばれる平べったいレンズを使います。線状に色素を励起することで軸上に誘導放出を発生させ、レーザーを発振させるというわけです。

　見た目はレーザーポインターにも負ける弱々しい光ですが、ピークパワーは桁違いに強力なので、カメラで覗くとCCDを破壊してしまうほどです。なお、レーザーが直接目に入ると危険なので、乱反射した反射光などには十分注意をする必要があります。

 教育のポイント

*レーザーって何だろう？

　レーザーという言葉が「Light Amplification by Stimulated Emission of Radiation」の頭文字でできているのはご存じの方も多いでしょう。レーザーといえば今となっては珍しくない技術ではあるものの、ハイテクの代名詞のような扱いを受けているのはご存じの通りです。とはいえ、レーザーの技術自体は半世紀以上前からありますが、開発当時には半導体なんてものはなく、もっとアナログな方法を用いて作る物理現象に過

ぎませんでした。

　ここで、簡単なレーザー発振の原理について触れておきましょう。レーザーは誘導放出による光の増幅と言われており、外部から何らかのエネルギー注入を行い、原子・分子を励起状態にします。励起状態から基底状態に落ちる時に、余分なエネルギーが電磁波の形で放出されます。これが隣にある励起原子を通ると、同じ波長・同じ方向に電磁波を放出します。これが無数に重なることでレーザー光線となるのです。

　固体・液体・気体とそれぞれでレーザー作用は確認されており、様々な波長で発振します。ただ、気体レーザーは真空中で動作する場合がほとんどであり、密度の面で不利と言えます。これは単純に原子の密度が低いせいだと考えて良いでしょう。そのため、ほとんどのレーザーは精度の良い鏡を使い、何度も光を往復させないとレーザー光になりません。

　その点、今回の窒素レーザーは、名前の通り窒素をレーザー媒質に利用した装置で、窒素は空気中に普通にあるので、ちょっとした減圧ポンプさえあれば十分なレーザー媒質へと変えることができます。おまけにほぼ大気圧で動作させることができるため、減圧したガスに比べるとはるかに高密度です。さらに桁違いに大きなエネルギーを注入することで、エネルギーロスが多いものの、精巧な鏡なしでも十分にレーザー発生が可能となっているわけです。

＊窒素レーザーと化学のつながり

　窒素レーザーの特徴は、極めて短時間の間に大きなピークパワーを得られるところです。よく調整した窒素レーザーは、数百ピコ秒という極短時間の発光が可能です。瞬間的に大きなエネルギーを得られるため、ピークパワーは数百KWから数MWに達します。ピークパワーは大きいのですが、一発辺りの総エネルギーは低く、大きくて10mJ程度です。とはいえ、レーザーであることに変わりはありませんので、目に入らないように注意したほうが良いのは言うまでもありません。

　また、窒素レーザーは紫外線領域の光が出るため、蛍光物質を光らせることができ、レーザー光を普通紙にあてると増白剤を励起させて青く光ります。このような性質から専ら色素レーザーの励起に用いてお

り、化学界の有名どころでは田中耕一さんがマトリックス支援レーザー脱離イオン化法の功績でノーベル賞を取った際に使われていたといったつながりもあり、そうした話に発展させても良いでしょう。

Experiment 実験 No.09

目には見えないものを見る！
放射線

| 難易度 | ★☆☆☆☆ |

対応する指導要領
- 物理基礎／様々な物理現象とエネルギーの利用
- 地学基礎／変動する地球
- 地学／宇宙の構造

Radiation

本来は霧箱など、大がかりな装置が必要になりがちな放射線の測定実験。手軽に手に入るものを使って体感させることで、放射線に対する興味・関心を持たせるところから、その解説方法までを一気に紹介

109

> **実験の目的**
>
> γ線は電磁波（光の波長が短いもの）なので、人間が見ることができなくても光として感知することができるということを教える

　平成24年度から教育指導要領に「放射線教育」が盛り込まれました。奇しくも福島第１原発事故などもあり、放射線教育には強い関心が持たれている……とは思うのですが、実体の見えない放射線というものを教育するのはなかなか難しく、多くの先生方が苦心されているようです。また、学校で放射性物質を紹介するなどすると、テレビなどから得た偏見で苦情を言う親御さんまでいるという話もあります。

　放射線の種類（α線、β線、γ線）の違いを「見せる」というのは非常に難しい問題で、実際問題、目に見える形にするとなると、霧箱と呼ばれる装置で放射線が霧を引き裂いて動くその様子を観察させたりすることはできます。しかし、それだけでは見えない力が出ているだけという感じであり、それではそれぞれの線の本質とは離れてしまい、また、霧箱には大きなドライアイスや液体窒素が必要であるなど、準備も大がかりになってしまいます。

　そんな大がかりな装置を使わず、見えないものを見せる技法に迫ります。

01 基本実験　WEBカメラでお手軽放射線検出器

▶ 用意するもの

WEBカメラ：1,000円程度の安売りのもので可

黒のビニールテープ：カメラのレンズ部分を覆える幅のもの

ラジウムボール、ウラン鉱石など線源となるもの：ラジウムボールはインターネットで100g2,000円前後で購入可能。ウラン鉱石はミネラルショー・ミネラルフェアやネットオークションなどで比較的簡単に手に入る。特に「閃ウラン鉱」を入手できると、線量が高く安定した実験が行いやすい。あるいは、キャンプ用のガスランタンのマントル、TIG溶接機の溶接棒などトリウムを使った製品でも可。

パソコン：あらかじめ動画再生ソフト「VLC media player」をダウンロードしておく

memo　ラジウムボールはたとえ名称がそうなっていても、放射線の出ない商品もあるので、注意書きをよく見て購入したほうが良い。また、量が少ないと線量が少ないので、ある程度の分量を買っておく

Radiation

ウラン鉱石などを線源に使っても良い。写真はブラックライトで光る燐灰ウラン鉱

黒のビニールテープ

ガスランタン

市販の
WEBカメラ

TIG溶接棒

ウラン鉱石を使う場合は、実験後はよく手を洗い、粉塵を吸い込んだり、口に入らないように気をつける

111

実 験 手 順

1. カメラに黒のビニールテープなどを二重に重ねて貼り、遮光する。PCに接続し、動画再生ソフトを立ち上げる

↓

WEBカメラにビニールテープを貼ったもの。感度は落ちるがこれで十分

2. 線源を近づける
3. 画面に白い点のようなノイズが現れるので、それを観測する

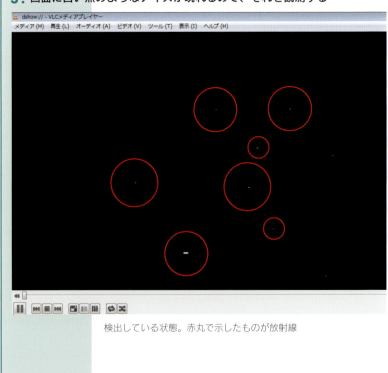

検出している状態。赤丸で示したものが放射線

＊目で見える形にする意義

一般的に放射線検出にはガイガーカウンターやシンチレーション検出器が使われます。単位は検出器によってCPMやμSv/hやμR/hなど様々です。ただ、放射線を検出するだけであれば非常に簡単であり、身近なもので実験できます。しかし、実際に計測できるのはγ線のみで、何より数値しか出ないため、これだけを見せられて「どう？」と言われても、実感は湧きません。

そこで放射線を見る装置として、手近に手に入るCCDカメラなどの映像素子を検出器に使って見せる方法をご紹介しました。今やカメラは携帯電話をはじめ、ノートPCやタブレット端末などいろいろなものに搭載されており、入手は非常に容易となっています。これを改造し、放射線が見れるようにします……といっても改造と言うほどでもないもので、基本的にはカメラに黒のビニールテープなどを二重に重ねて貼りつけて、遮光してしまうだけで十分です。

ただし感度を少し上げるとなると、少し分解して改造する必要があります。特にカメラのレンズは屈折率を稼ぐため、鉛ガラスが使われていることが多く、この鉛は高密度であるため、放射線の遮蔽効果が強いです。また、カメラの裏面は剛性を持たせるために厚い金属板で作られていることがあり、これもまた放射線を遮蔽してしまいます。

故に、放射線検知専用に安売りのWEBカメラなどを購入してきて、下記の写真のように分解し、CCDの部分に直接黒いビニールテープを貼って遮光すれば、より高感度な観測カメラを作ることができます。

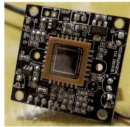

分解してレンズなどを取っ払ってしまう。カメラとしては使えなくなるので、1,000円前後の安いWEBカメラなどを使うと良い

> **memo** 福島第一原発の事故の直後の写真はネットなどに多く掲載されているが、高い放射線の観測される場所で撮影された写真は放射線によるノイズが見られるものも多いので、そうしたものと合わせて紹介すると良い

真ん中のCCDに直接ビニールテープを貼ってしまう

またさらに簡易にはなりますが、携帯やノートPCに搭載されているカメラ部分に、上から黒いテープを貼って代用することも可能です。しかし、当然ながら感度はやや悪くなってしまいます。通常入手できる線源はそれほど強いものではないと思うので、高感度のカメラを作ってしまったほうが安心です。

＊線源の入手

　線源の入手は、インターネット通販などを用いてラジウムボールを購入するのが手っ取り早く、かつ安全です。

　他にも安価な放射線測定器で測定できる放射線源は何種類かあり、主にトリウムを使った製品がメインとなります。キャンプ用のガスランタンのマントルやTIG溶接機の溶接棒などがそれです。トリウムから出るα線の電離作用を利用したものであり、インターネット通販などを使えばかなり簡単に調達ができます。トリウムが崩壊して出来た核種にはγ線を出すものがあり、これを検出することができるというわけです。また古い時計の蓄光部分にラジウムが使われている場合があるので、それを使っても良いでしょう。

＊ソフトウェアの設定など

　外装を剥いたとしてもカメラはカメラなので、そのままPCにUSBで接続することが可能です。

　カメラをつないだあと、「vlc」という動画再生ソフトを立ち上げ、コントラストなどを変更し、放射線を見やすい状態にします。「vlc」はwindows用やMacOSX用など様々なOSで使える上、インターネットで無料配布されているものなので、ダウンロードしてインストールしておきます。

　設定は「ツール」→「エフェクトとフィルター」→「ビデオエフェクト」の順に進み、画像調整にチェックを入れて各々のパラメーターを調整します。今回の実験では、「色相」「明るさ」「彩度」は左端に、「コントラスト」と「ガンマ」は右端に、と極端な設定にしてみたところ、検出することができまし

た。とはいえ、カメラとの相性によって調整値は異なるので、いろいろといじってみて、検出できる設定を見つけてください。

＊検出

ビニールテープで遮蔽しているので当たり前ですが、パソコンの画面の中は基本的に真っ暗です。しかし、そこに線源を近づけると、白い点々がポツポツと出現します。線源の強さによってその量は変わります。

vlcを使うと、放射線は白い点のようなノイズとして検出されます。稀に線を描くように線状の白いノイズが入ることがありますが、これは横から入射したガンマ線が複数の映像素子に検出されたものと思われます。

また線源を近づけない状態でもごくまれに検出することがありますが、これはカメラ内部のノイズによるものか、宇宙線を拾っている場合もあります。

02 距離による減衰

用意するもの

個人用の空間線量計エアカウンター：予算的なオススメはエステー製。5,000円前後で入手が可能

先ほどの基本実験で使用した、放射線源となるもの：エステーのエアカウンターの場合、上限が10μSv/hのため、密着状態でこの数字を出す必要がある。ゼロ距離で9.99μSvを示すよう、線源を調節しておく

定規：距離を計測する用

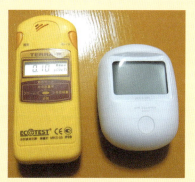

市販の放射線検出器。左がウクライナのECOTEST社製のTERRA（1～2万円程度）、右がエステー製。TERRAは計測が非常に速いので、予算に余裕があればこちらを買おう

実験手順

1. 線源に密着させて計測する

↓

2. 5mm刻みぐらいでエアカウンターを線源から離していき、それぞれで数値を計測する

↓

3. 距離の二乗に近い値で、数値は低くなっていく。エアカウンターが0.5〜1μSv/hあたりを示すまで計測し、距離と表示値をグラフにする

↗

memo 放射線検知器はエステー製のエアカウンターが最も安く手に入る。ただしエアカウンターは放射性セシウムから発せられるβ線に感度が合わせてあるので、放射線量の数値は他社のものと変わる場合がある

実験手順

─ ＊. 強い線源と、高感度の検知器があれば、実験を手早く終わらせることができる

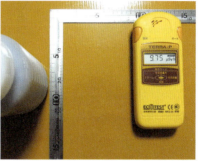

＊手頃な空間線量計の実力

　原発事故後にエステーから発売された、個人用の空間線量計エアカウンターがあります。放射線検知器としては破格の値段であり、5,000円程度で現在は入手が可能です。これを用いて、放射線が距離に応じて弱くなっていくということを見ます。

　エアカウンターはγ線専用の検出器であり、検出素子は半導体素子を使ったものです。安価で購入できるのは利点ですが、欠点も何点かあります。まず、検出素子がとても小さなことです。検出面積でみると1cm²程しかなく、測定に時間がかかります。線源に5μSv/h程度が期待できれば1分ほどで終わるのですが、1μSv/h以下では数分を要します。

　もう1つは、衝撃に弱いことです。半導体検出器全般に言えることではあり

ますが、衝撃を与えると誤カウントが発生してしまいます。測定を開始したら終了まで静置して手を触れないのが原則です。この2点を妥協すれば、精度も悪くなく、良く出来た機械だと言えます。

エステー製のエアカウンターは上限が10μSv/hなので、密着状態でこの数字を出す線源が必要です。ラジウムボールの数を調整して、ゼロ距離で9.99μSvを示すように教材を調節しておきます。この状態から5mm刻みくらいで離していき、データを取ります。エアカウンターが0.5μSv/hあたりになるまでの距離と表示値をグラフにすると、見事に逆二乗のグラフが描けます。

このようにγ線の場合は、離れると減衰する実験が簡単に実演できますが、α線とβ線は少々難しいと言えます。これらは空気中での減衰が著しく、距離だけでなく、空気にぶつかるだけで弱くなってしまうためです。α線もβ線も電荷を持っているため、磁気や静電気によっても曲げられてしまうので、距離の二乗の実験は難しいものとなります。

教育のポイント

*目には見えない世界を体感させる

今回、自作検知器で画面に映して説明する際のポイントは、γ線は可視光より波長が小さい波のため、可視光を吸収する黒色ビニールの先に届く……ということを教えなければいけないところです。放射線のうち、最も透過度の高いγ線は、レントゲンに使うX線と同じ波長の電磁波（光）です。光を分光し出現するスペクトル（虹）の紫外線の先の先の光であると教えると良いでしょう。「見えなくなるだけで存在する光」として認識させることが大事です。

同時に、赤外線でこたつが暖かくなる理由、紫外線が肌の奥に入り込む話、X線はγ線と波長が被っているものの、同様の電磁波であるが故にフィルムに感光させることが可能……などといった話を織り交ぜれば理解が深まります。

またカメラの見ている世界は我々の目と違うということを実感させるために、WEBカメラや携帯のカメラでテレビのリモコンなどを写しながらスイッチを入れると、我々の肉眼で見ることができない、赤外線の信号を送っているところを見ることができます。このような実演を先にしておけば、さらに理解を深めることができます。

カメラを通してリモコンを見たところ。肉眼では見えない赤外線をとらえることができる

Experiment 実験 No.10

自作日焼け止めで学ぶ紫外線

難易度	★☆☆☆☆
対応する指導要領	物理基礎／様々な物理現象とエネルギーの利用
	科学と人間生活／生命の科学

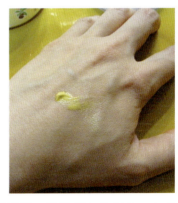

目には見えないが、確実に存在する紫外線。紫外線の仕組み、皮膚などに与えるダメージ……自作日焼け止めを通して、化学・生物・物理といった教科の壁を超え、総合理解力を養う

ultraviolet

121

実験の目的

日焼け止めという日常で使っているものを入口に、生徒を惹きつける話題を盛り込み、さらに実習を加え、「紫外線」を通して教科にとらわれない、科学的な思考を身につけさせる

　紫外線は放射線と同じく目には見えないものなので、認識が難しく、説明も通り一遍のもの、あるいは理論を説明して終わり、になりがちです。より理解を深めてもらうためには、紫外線とは……という話をするより、まずはその紫外線によってどういったことが起きるかということから説明し、生徒に実感を持ってもらうことが大切です。そして紫外線の概要・危険性を知った上で、紫外線対策はどのようにすれば良いのか……という説明をし、日焼け止めの自作に移っていきます。そして日焼け止めはなぜ紫外線を防ぐことができるのかを知れば、自分の体を見つめ直す良い機会にもなるでしょう。

　このように、まずは紫外線が我々に及ぼす影響（生物）、紫外線の原理（物理）、日焼け止めの作成（化学）とそれぞれ段階を追って授業を進めていくことで、単なる暗記に止まらない、理解と実感を伴った授業にできるはずです。

01 基本実験
小型顕微鏡で見る紫外線パワー

用意するもの

ハンディタイプの小型顕微鏡：ホームセンターや理化学ショップで2,000円程度で売られている。
倍率は40倍以上が好ましい
日焼けした本

実験

1. 日焼けした本の背表紙と、同色のインクが使われている表紙部分の同じ色（だった場所）を小型顕微鏡で見比べる
2. 生徒の皮膚と、教師のシワのある部分を小型顕微鏡で見比べる

＊紫外線の恐ろしさを体感させる

　紫外線は人間の体に炎症反応、色素沈着（しみや色素斑）、光老化、発がんなど、さまざまな悪影響を及ぼします。しかしどれも「たかが日焼け」程度に考える人が多いため、その怖さを説明しても実感しづらいものがあります。

　一目で紫外線のパワーを実感できるものとしては光老化があり、近年海外のトラック運転手が顔の左側だけ日光に強く晒され続けたことで、顔がちょうど半分だけ20歳以上老けて見えるという現象が話題になっています。ネットで「光老化　トラック運転手」などで検索すると、すぐに画像を見つけることができるので、それを示した上で、紫外線には肌を老化させる働きがあり、加えて発がんや色素斑、炎症などの悪影響があると解説すれば、説得力があります。

＊日焼けのメカニズム

　では、そもそも日焼けや光老化といったものは、紫外線が体内で何をどうして起きるのでしょうか？　紫外線は非常に強力なエネルギー線なので、雑誌や本といった印刷インクですら分解して分子構造を変化させ、色を失わせます。実験1のように、本の日焼けした部分、日焼けしていない部分を見比べてみれば、インクの粒が見事に小さくなっていることが観察できます。

　これと同様に、人間の体内にある様々な生体を構成する分子にもダメージを与えると続けて説明すると、より紫外線のパワーが実感できるはずです。

　実際に遺伝子の素であるDNAは、紫外線を非常に吸収しやすい構造をしており、当然、日焼け量が少なければ、体内の酵素などによって修復できますが、日焼け量が多いとDNAにダメージを与え、細胞を殺してしまうこともありえます。また水や酸素原子にぶつかることで、俗に言う活性酸素のようなラジカルが大量に発生し、体にとって再生する仕事が増えるということを説明します。

　これらのダメージは細胞だけでなく、その細胞を支える膠原線維（皮膚の下のコラーゲン組織）や弾性線維（コラーゲン組織を鉄骨のように支える骨組み的な組織）の老化を促進します。その結果、真皮の正常な代謝が阻害され、不規則で不均一な皮膚を生み出すことになります。この質の悪い皮膚は、本来高密度で均一に肌を構成していたものが不均一になることで、浅く不規則な表面になり、見かけ上の表面積が増えます。見かけ上増えた表面積は格納する場所がないため、垂れ下がることでシワやたるみといった皮膚の変化につながる

……ということを、下記のような模式図でもって説明すると良いでしょう。

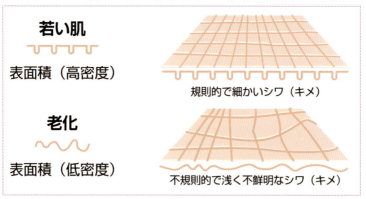

肌のキメとシワの仕組みを知れば、スキンケアの大切さがわかるだろう

　実験2のように、実際に生徒の皮膚と教師のシワのある部分を拡大鏡で見比べさせて、皮膚のキメが加齢と共に失われることを確認させれば、さらに実感を持って理解してもらえるはずです（先生的には微妙な気持ちになるかもしれませんが、そこは教育のためと我慢してください。苦笑）。

＊紫外線の原理

　そもそも紫外線と呼ばれているものは、我々が可視光としてとらえているものの延長線上にある、波長の小さい電磁波のことです。γ線といった放射線も紫外線も可視光、電子レンジのマイクロウェーブも同じ「電磁波」であるという認識で、違うのは「波長」であるという説明に重きを置きます。今回は紫外線の話なので話を進めますが、簡単に説明する場合は、雨が降ったあとに出来る虹は、あくまで人間が見える範囲の色の帯であって、青紫の先にも見えない色が続いている……という説明でも良いでしょう。

　ご存じの方も多いと思いますが、紫外線という電磁波は波長によってさらに4つに分けられています。

　＊長波長紫外線（UVA：320〜400nm）
　＊中波長紫外線（UVB：280〜320nm）
　＊短波長紫外線（UVC：190〜290nm）
　＊真空紫外線　（VUV：100〜190nm）

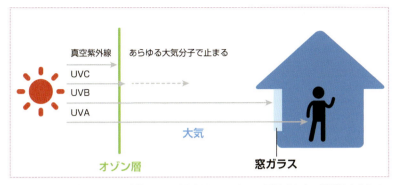

紫外線も放射線のように遮蔽イメージ図を用いることで、日焼け止めの重要性を教えることができる

　太陽から発せられる紫外線のうち、真空紫外線は大気の構成分子である酸素や窒素に吸収されてしまうため、気にしなくてもよく、UVCもオゾン層で吸収される……はずなのですが、アメリカ・カルフォルニア州やオーストラリアなど、オゾンホール問題の影響がある地域では、薄くなり過ぎたオゾン層では吸収しきれず、地表でもUVCが観測されています。

　とはいえ、日焼けの原因として問題視されているのがUVAとUVBであり、日焼け止めもこの2つをいかにして皮膚の中に入れないかということを念頭に作られています。人間の肌はUVBの影響を最も受けやすいので、一番気をつけなければならないのはUVBです。UVBは3mmのガラスで遮蔽することが可能なので、室内で窓が閉まっていれば、UVAのみが透過してくる（しかも弱まっている）ので、室内では太陽光が当たっていても日焼けしにくいと説明すると良いでしょう。

　紫外線の種類や配合は季節によって変わりますが、真夏の正午でUVBが5％、UVAが95％です。冬場は日焼けが深刻化しない理由としては、UVBが圧倒的に少ないためです。屋外では、UVBとUVAは日中に雨が降っていてもようやく本来の4割の量、曇り程度では8割以上の紫外線が透過してくるので、水蒸気の紫外線遮蔽力はあまり期待できないということも説明しておきましょう。ちなみに紫外線を含む光の反射は、草地やアスファルトでは2割以下ですが、砂浜だと3割、雪原の場合は最大8割もの反射があります。夏場の砂浜は海面

解説

や砂浜からの反射光で、1年で最も強い日差しを3割増しで食らうことになるため、日焼け止めが必須なのはわかりやすいかと思いますが、意外と見過ごされやすいのがスキーです。冬なので紫外線は少ないといえども、紫外線は大気である程度減衰していくので、高地で行うスキー場の紫外線量は元々多いと言えます。加えて雪原の反射率は8割とほぼ倍。絶対に紫外線対策が必要なスポーツになるんだよ……と図や絵を描いて説明してあげると生徒も実感してくれるはずです。

　何事も数値や性質だけでなく、日焼けによって将来、自分の顔がしわくちゃになる……といった現実的な話をするだけで、生徒は現金なもので興味を持って話を聞こうとしてくれるようになります。

02 手作り日焼け止め

≫ 用意するもの

保湿用クリーム：薬局などに売られている、顔にも塗って良いと書かれている保湿クリーム。メーカーは何でも良い

酸化チタン：ネットショップや自作化粧品コーナーで入手できる。10gで300円程度、100g以上だと割安

微粒子酸化亜鉛：同様にネットショップなどで入手可能。粒子が小さいため水に溶けて見える

化粧品用酸化鉄：同様にネットショップで安価に買える。粒子のサイズによって黄色、赤茶、黒などがあるので、各色10gずつ揃えておけば、2、30人分になる

蒸留水

グリセリン：薬局でも購入可能。間違ってグリセリンカリを買わないように

ビーカー：100ml以下の小型のもの

かき混ぜ棒

126

> **注意事項** ここで作った日焼け止めクリームを人にあげたりするのは薬事法違反になるので注意しておくこと。また、自分の皮膚で安全だったからといって、すべての人にアレルギー反応が出ない保証はないので、実際に使う場合は、必ず皮膚の目立たないところでテストしてからにする

実験手順

1. ビーカーに酸化チタン1g、微粒子酸化亜鉛0.5gを入れる

↓

2. グリセリン3g、蒸留水2gを加え、よくかき混ぜて白い液体にする

↓

3. 酸化鉄をスパーテルに取り、適量を加える。色味はつける人の肌に対して、少し暗め、やや濃い肌色に。混ざりにくいため、かき混ぜ棒でよく混ぜ込んでおく

↓

実験手順

4. 3〜4g程度の保湿用クリームを取り、混ぜる。数分以上混ぜないと完全に混ざりきらないため、根気よく混ぜ込む

↓

5. 完成!

※. 少量を取って伸ばしてみて、色味が少し色白になる程度に抑えられていればOK（写真では、肌に載せたのがわかるよう、あえて色味を変えた）。伸びが悪い場合は、水やグリセリンで調整する

＊日焼け止めに凝縮された人類の叡智

　さて、紫外線の恐怖を一通り説明した上で、その防護策、人類の叡智の話へと話題をつなげていきます。

　紫外線を吸収する素材としては、酸化チタンや酸化亜鉛といった無機化合物が有名ですが、最近は4-tert-ブチル-4'-メトキシジベンゾイルメタンなどのUVA（320〜400nm）を狙い撃ちして吸収する有機化合物なども開発されています。また4-アミノ安息香酸やサリチル酸、ベンゾフェノンなどの有機化合物もUVBを吸収することが知られています。近年は紫外線を吸収する成分に使える分量の規制緩和があり、無色透明で付け心地が良い、メトキシケイヒ酸エステルなどを配合したものが多く売られています。

　今回は、ネットショップなどでも簡単に手に入る素材の中で、最も実用的な酸化チタン、微粒子酸化亜鉛を紫外線吸収剤として用いました。吸収する紫外線の数値は、下記のようになっています。

　＊酸化チタン　　　　（260〜400nmを吸収）
　＊微粒子酸化亜鉛　　（260〜370nmを吸収）

＊パッケージに書かれているSPF・PAとは？

　次に、市販されている日焼け止めのSPFやPAなどの数値の意味を説明していきましょう。

　SPFとは「サンプロテクションファクター(Sun Protection Factor)」の略であり、UVBに対する防御指数として使われています。SPF値の数値は、UVBによる日焼けの進行遅延度を表すもので、SPF5のものは、何もつけていない状態に比べて5倍となり、5時間日光を浴びても1時間分の日焼けとなるといった指標となります。通常外で使う日焼け止めはSPFが15以上のものが望ましいのですが、20以上はあまり大差がなく、化粧品の世界では、科学的根拠に基づかないSPF合戦が繰り広げられ、SPF50といったものも登場していますが、はっきり言って無意味です。

　PAは「プロテクショングレードオブUVA(Protection Grade of UVA)」というものの略称で、PA+からPA+++といった３つのグレードに分けられていま

す。こちらも近年PA++++という高ければ高いほど偉い……のかどうかは知りませんが、謎の新基準が出てきています。

＊自作日焼け止めのパワー

　今回作ったクリームは、SPFは15〜20程度、PA+++であるので、十分な日焼け止め効果が期待できます（当然汗で流れ落ちたら、つけ直す必要があります）。

　数値は10gのクリームを作る前提になっていますが、倍の20g、30gで作ってもかまいません。材料の計量のし易さを考えると、1班30g程度で作らせたほうが良いでしょう。

　いずれの材料もホームセンターや東急ハンズなどで購入できますが、最寄りにそういった店舗がない場合は、通販を利用すると簡単に入手できます（楽天などで「酸化鉄」や「微粒子酸化亜鉛」と検索してみてください）。酸化チタン、微粒子酸化亜鉛以外の成分に関しては、薬局や通販で揃えられるものばかりであり、非常に安価なのでクラス全員で作っても、1人当たりにかかるコストは100円程度に抑えられるなど、コストパフォーマンスも良いです。

　おまけに、日焼け止めを塗るのを嫌がる人の多くが、青白い、ややもすればコントに出てきそうな白塗りの顔になってしまうという点なので、そのあたりも自作クリームで解決が可能であり、微粒子酸化亜鉛を使った理由でもあります。

　そしてもう1つのミソとして、保湿クリームまで自作して無添加にするのではなく、市販品のクリームの安定性（工業製品なので多種多様な配合が絶妙にされており、クリームに何かを混ぜても分離などを起こしにくく、防腐剤も含まれているため保存が利く）を利用したもので、完全自作ではないところです。保湿クリームを実験07で紹介した乳化ワックスなどを使って作ると、雑菌の混入などで腐敗が起きやすく、保存が利きません。また、肌の脂層が安定した状態で塗布するので、肌への防腐剤の悪影響は大半の人で無視できるレベルである点もあり、市販品のクリームを流用することで簡易性と利便性を両立しています。

　出来上がった日焼け止めは、100円均一などで売られている容器に移すと持ち運び面でも改善されます。注射器などで入れ替えると良いでしょう。

教育のポイント

＊物理、生物、化学とテーマを横断させる

　紫外線と日焼け止め。今回のテーマは、紫外線（物理）、それが皮膚に及ぼす影響（生物）、その影響を止める方法（化学）という非常に総合的なもので、科学というものはすべてつながっているということを示すには、非常に優れたテーマと言えるでしょう。

　さらに応用するのであれば、それぞれの分野で課題を出したりしても良いでしょう。例えば、ポリプロピレン（安いCDケース等）のプラスチック板を2枚用意し、1枚はそのまま、1枚には毎日日焼け止めを塗って、1ヵ月間直射日光に照らし続けるなどすると、何も塗っていないプラスチック板には明らかに紫外線劣化による黄ばみが観察でき、もう一方は日焼け止めで食い止められる……といったことを観察させたり、日焼け止めの成分をそれぞれ調べさせたりと、様々な派生課題を設けることもできます。

　また生物的には、紫外線が生物にどういった影響を及ぼすのか、殺菌灯などを用いて、培地の殺菌実験や、植物がうまく育たないといったことを観察させるなどの課題を考えることもできます。

　物理では紫外線というものから、電磁波の研究という形で可視光とそれ以外の光について追求させ、その波長特性から、人間にこのような影響を与える……という点に結びつくように誘導していくことで、物理一辺倒な子に対して他の理系科目に興味を促すなど、科学は多分野がつながることで大きな発見や進歩があることもあるという実例としてとらえさせていくと良いでしょう。

131

Experiment 実験 No.11

生徒の目が輝く！
炎色反応プレゼンテーション

難易度　★★☆☆☆

対応する指導要領
- 物理／原子
- 化学基礎／物質の構成
- 科学と人間生活／物質の科学

ただ燃やすだけ、元素とその色を暗記するだけの実験にするなんてもったいない！
見せ方次第で化学への興味をグッと惹きつける材料になりうる炎色反応。その実験のコツ、アイデアを紹介する

Flame color reaction

実験の目的：元素ごとに色が違う理由、なぜ発色するのかということを、スペクトル、可視光や紫外線、赤外線といった視点から発展的に解説する

　炎色反応は美しいものです。その美しさは花火などに使われているように身近であり、気体や水溶液などの計算でうんざりしている中高生に、再度化学への興味を持ってもらうには十分な魅力を持っています。

　炎色反応の実験方法は様々ですが、見せ方次第で地味にも派手にもできます。にも関わらず、「ナトリウムは黄色、カリウムは紫、ストロンチウムは……」と暗記させるだけの教育になりがちです。最近は実験すら行わず、ビジュアルガイドの写真で済ませている学校も多いようですが、目に見える炎の色が見慣れない緑や紅、青と目映い光を放つ光景には、誰もを魅了する魔力のような力があり、これを授業に生かさないのはもったいないでしょう。

　どうして元素ごとに色が違うのか、どうして発色するのか？　その発色からスペクトルの説明、可視光や紫外線、赤外線の話題へとつなげることができる先生は残念ながら数少ないと言えるでしょう。とはいえ、教科書に載っている炎色反応の方法は、白金線にイオン化合物を載せ、バーナーで炙ることでわずかな炎色反応を観察させるというものです。これではクラスの後ろに座っている子はまともに目視することができませんし、何より迫力が皆無です。

　今回は炎色反応を簡易に美しく行う方法、そして炎色反応を中心にどのような化学教育への活用が可能かを説明していきます。

01 基本実験　格安でできる！　炎色反応実験

▶ 用意するもの

100円均一のターボライター 2個：中に、炎色反応に欠かせない白金線が使われている
ホウ酸：薬局等で売られている
金属インジウム等：インターネットなどで購入可能

← Flame color reaction

注意事項 火の取扱いにはくれぐれも注意する

実験手順

1. 100均ライターの中にある白金線をピンセットで取り出す

↓

ジグザグに曲げられ、軽く固定されているだけなので、すぐに取り出せる

2. 取り出した白金線にホウ酸をつけ、もう1つのライターで炙る

↓

たった2つのライターで十分に観察可能

3. 金属インジウムを白金線に固定し、燃やす

少々わかりづらいが、薄紫色のスペクトルが観察できる

---

memo 炎の色を観察する時は、背景の色が邪魔にならないようにグレーや白のプラスチック板を用意しておくと良い

解説

＊厳しい予算もこれで解決

　炎色反応実験が行いにくい理由として、白金線が高いからという話があります。実際に実験器具屋で白金線を取り寄せると、たった 2cm 程度で数千円と非常に高額です。しかし、身の周りを見渡せば、格安で手に入れることができます。それが、100 円均一で売られているターボライターです。これらには触媒として白金線が使われているものが多く、白金線かどうかを確かめるには、ライターからピンセットで白金線を取り出し、水酸化ナトリウム水溶液を使って試験管で加熱してみたり、硝酸に入れてみて溶けないかどうかなどして、確認すれば良いでしょう（そんなことをしなくても原価自体が安いので、使えなければ別のものを探してくれば良いだけですが）。

　この白金線を炎色反応の実験に使うことで、様々な反応を観察できます。ただし後述の実験に比べると極めて地味ではありますが……。

用意するもの

アルコールランプ
　メタノール：純度は 1 級程度のもので良いので、メタノールかあるいはメタノール含有量が 75％以上の、炎に色が出ないタイプの燃料用アルコール
　〈炎色反応を起こす塩で手軽なもの〉
　黄緑：ホウ酸、塩化バリウム
　青緑：塩化銅（Ⅱ）
　紅色：水酸化リチウム
　黄色：ホウ砂（ホウ化ナトリウム）
　橙色：塩化カルシウム

注意事項
・火の取扱いにはくれぐれも注意する
・実験を行ったアルコールランプは、実験後速やかに中の液を捨て、芯も新品に交換しておく
・ホウ酸は燃焼ガスに若干の刺激性があるので、換気はしっかり行う
・塩化銅（Ⅱ）、水酸化リチウムは腐食性が高いため、溶液が手に触れないよう手袋、そして保護眼鏡をして取扱う。目に入った場合は、こすらず流水でよく流し、医師の診察を受けさせる

実験手順

1. それぞれの塩類をメタノールに溶かし込み、アルコールランプに入れて火をつけ、色を観察する

左からカルシウム、高温の銅、リチウム、ホウ素

＊基本的な実験だからこそ、美しく見せる

　炎色反応はアルコールランプと様々な塩があれば簡単にできる実験ですが、いくつか注意点があります。
　まず、燃料に使うアルコール。近年学校用に使われている燃料用アルコール

は、アルコールの炎が目視しやすいように IPA やエタノールを多く含有しており、炎の色がオレンジ色です。故に炎色反応を示す塩類を入れても美しい色は観察できません。試薬の純度では 1 級程度のもので良いので、必ずメタノールないしはメタノール含有量が 75% 以上で、炎に色が出ないタイプの燃料用アルコールを調達することが肝心です。

　あとは炎色反応をする塩類を入れていけば良いのですが、当然メタノールへの溶解性が高い塩類でなければ、炎色反応は観察できません。

　また炎色反応実験を行ったアルコールランプは 2、3 日であれば放置しておいてもかまいませんが、それ以上放置しているとアルコールに溶けた塩類が蒸発することにより蓋の隙間に析出し、蓋の開閉が困難になるだけでなく、芯自体にも析出し過ぎて燃焼性が劇的に悪くなります。そのため、実験後は速やかに中の液を捨て、芯も新品と交換しておかないとアルコールランプが使い物にならなくなるので注意が必要でしょう。

＊実験のポイント

　まず最も美しいのがホウ酸です。ホウ酸のホウ素は黄緑色のスペクトルを持ち、アルコール溶解性も高いため、非常に観察しやすく美しいです。飽和溶液にすると、美しい発色が得られます。ちなみに、塩化バリウムも美しい黄緑色を発色しますが、ホウ酸より高価です。

　ホウ素の炎色反応は、なぜか高校の炎色反応の中に載っていない（炎色反応を金属の単元に利用しているためかと思われる）のですが、金属以外にも炎色反応はあり、基本的にすべての元素は固有のスペクトルを持っていますが、人間が認識できるものが限られるという説明をすると良いでしょう。注意点としては、燃焼ガスに若干の刺激性があるので、換気はしっかりと行うようにしてください。

　塩化銅（Ⅱ）はたいていの学校に常備されている銅イオンの化合物であり、硫酸銅より発色が美しいです。溶液は腐食性が高いため目に入らないようにするのはもちろん、溶液が手に触れないよう、手袋をして扱ってください。

　ナトリウムの黄色を炎色反応ランプで見せるには、水酸化ナトリウムかホウ砂がオススメです。ホウ砂はホウ化ナトリウムのため、厳密にはホウ素の緑も

出ますが、目視ではわかりません。また、溶液が安全かつ毒劇物ではないので、生徒に安心して触らせることができるという利点もあります。塩化ナトリウムは、アルコールへの溶解度が低く、使い物にならないと言えます。

　塩化カルシウムは身近なところでは除湿剤として使われているので、除湿剤を破いて中身を取り出して実演することで、身の周りにある素材であることを印象づけることができます。

　最後は鮮烈な赤色であるリチウムです。非常に発色が難しい塩で、炭酸リチウム、塩化リチウム、水酸化リチウムの順に炎色反応が観察しやすいです。ただし水酸化リチウムは極めて強い腐食性を持つので、溶液が絶対に手に触れないよう、注意が必要です。またリチウムは少量でよく、多過ぎると燃焼が悪く、美しい炎が観察しにくいことがあります。

03 基本実験 使い捨て器具で手軽に炎色反応

用意するもの

炎色反応を起こす塩：先ほど例に挙げたもの
燃料：メタノール
塗料皿などの小さな金属皿：プラモデル用品として売られている塗料皿は簡易燃焼実験にちょうど良い
メラミンスポンジ：小さく切って芯として使う。メラミンスポンジは本体が難燃性のため芯の代用品として具合が良い

金属製の塗料皿

メラミンスポンジ。100均、スーパーなどで手軽に買える

memo メタノールの代わりに燃料用アルコールの高メタノール配合のものでも良い。メタノールが8割以上入っているものであれば、使えるものが多い。逆にエタノールやイソプロパノールが多いとオレンジ色の炎になり、炎色反応は観察しにくい

注意事項 実験 2 と同様、火および薬品の取扱い、特に換気に注意する

 実験手順

1. メタノールに塩類を溶かし込み、溶液を作る

　↓

2. 金属皿に溶液とメラミンスポンジを入れ、火をつける。炎色反応の色を観察する

　↓

3. 金属製のフタで窒息消火する

写真は水酸化リチウムによるもの。手軽なものであればホウ酸、ホウ砂（緑も出ているがナトリウムの黄色が観察しやすい）、塩化カルシウム（押入れの除湿剤）など

 解説

＊アルコールランプを使わない！簡易実験

　アルコールランプを使わないで見せる場合は、塗料用の小さな金属皿などに燃料を入れ、芯としてメラミンスポンジを小さく切ったものを使います。全部使い捨てとなりますが、見栄えもよく簡易です。

　ちなみにこれらのアルコール溶液を使い、バーナーなどに点火した上で、横から霧吹きなどに入れて噴くことで一瞬ですが見事な炎色反応のファイアーボールを作ることができます……が、周りに引火する危険性があるため、対処できる知識や経験、環境がないのであれば、オススメしません。

04 応用実験 青い炎を作る

用意するもの

メタノール 100ml
塩化銅（Ⅱ）6水和物 3g
塩化メチレン 30ml
アルコールランプやバーナー等、燃焼用の器具

注意事項 若干の有毒ガスが発生するため、換気をしっかりした上で、ガスを吸わないようにする

実験手順

1. メタノールに、塩化銅(Ⅱ)6水和物、塩化メチレンを添加する

   ↓

2. 通常の炎色反応の手順で実験を行う

美しい青色の炎が立ち上がる。青色の発色が悪い場合は、塩化メチレンの量を調節する

memo この青い炎は炎色反応によるもので、ガス火などの完全燃焼時の青い炎とは全くの別物。ガス火は青く見えているだけで、青い光は出ていない。それに対してこの炎は周りを青く照らす

141

解説

＊実験の際は換気に注意

　可視スペクトルの青い炎（435〜480nm）は、銅の炎色反応を改造することで観察することができます。青色の発色が安定しない場合は、塩化メチレンを増量し、調節してください。

　詳しい理由は不明ですが、塩化メチレンがアルコールの燃焼を阻害し、反応時に酸素過多の状態が維持されることで炎の温度が上がり、青緑ではなく、高温時の銅スペクトルである青色（475nm 前後）を示すと思われます。若干の有毒ガスが発生するので換気に注意し、ガスを吸わないよう注意してください。

05 基本実験 バーナーを使ってちょっと派手に演出

用意するもの

塩類：塩化銅など
ガスバーナー：ホームセンターなどで 1〜3,000 円程度で売られている
ステンレスの板：100 円均一で売っている、ステンレス製のトレイ
金切りバサミ、ペンチ、金属やすり

若干の有毒ガスが発生するため、換気をしっかりした上で、ガスを吸わないようにする。また、ステンレスの加工中にケガ等をしないよう気をつける

実験手順

1. ステンレスの板を金切りバサミなどで切断する

実験手順

最終的にこのぐらいのサイズに切り取ればOK

2. U字形に折り曲げ、ペンチで八の字に押し広げる。切断面でケガをする可能性があるため、やすりをかけておく

memo　ステンレスの板は非常に硬いので、金切りバサミかニッパーを使ってゆっくり行うようにする

実験手順

3. 丸まった部分に塩類を置いて、ガスバーナーにセットする

↓

4. 弱火で点火し、ステンレスの上に酸化物の被膜を形成させる

写真では、銅、ナトリウム、リチウムを載せ、レインボーな炎を実現

＊炎色反応を伴うバーナー

　アルコールランプを使う炎は小さく、もっと大きな炎として見せるにはスプレーなどを使わなければなりませんが、引火の危険性などもあり、経験がない限りあまりオススメできません。
　そこで、市販のバーナーを使ったダイナミックな炎色反応を観察する方法です。

　方法は簡単で、100円均一で売られているステンレスの板でバーナーに設置できるような治具を作り、あとはそこに塩化銅などの塩類を乗せ、一度弱火で加熱、塩素など不要な成分を飛ばしてステンレスの上に酸化物の被膜を形成させれば完成です。

　この酸化物の塊は取れにくく、また少々洗っても落ちないなど日持ちもするため、非常に使い勝手が良いです。おまけに、ステンレスの板は100円均一に売られているトレイなどを切断すれば安価に入手できます。

　また、写真のように様々な塩を使うことで、迫力のあるカラフルな炎色反応も可能です。

 教育のポイント

＊電磁波に結びつけて解説する

　これらの美しい炎色反応ですが、どのように色が出ているか、そもそもスペクトルとは何か？　という点を説明しなければ、「綺麗な実験だったな」という感想で終わってしまいます。炎色反応で化学に興味を持たせた上で、電磁波と結びつけることで理解を深める、という視点から解説します。

　下記のような図解でもって、我々の周囲に存在する電磁波について解説していきます。我々が色として認識しているのは、電磁波の可視光域

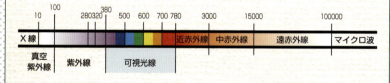

※波長の単位はnm。また、波の大きさはあくまでもイメージです

145

に過ぎません。すべては波長の違う電磁波であり、赤外線や紫外線、放射線（γ線、X線）も電磁波であるという説明が必要不可欠だと言えます。

　人間の肉眼で観測可能な波長はおよそ 350 ～ 700nm 程度（個人差がけっこうある）と言われています。光、色というのはあくまで人間が見ることができる範囲のことであり、鳥や獣、虫などでは全く違います。犬や猫は色の識別が弱い代わりに高性能な明暗調整と動体視力を備えていますし、昆虫類の多くは赤外線エリアで物体を認識しています。シャコにいたっては人間の 4 倍の錐体細胞を持ち、種類によって 12 原色で紫外線から赤外線、さらには光の回転の向きまで識別しているそうです。

　また小さい物体には色が存在しないことにも言及しておくと良いでしょう。可視光最低波長幅が 380nm なので、それより小さいサイズのものは可視光を反射しようがないため、いくら拡大しても光学系では見ることができません。

　例えばインフルエンザウイルスはおよそ 100nm なので、どれだけ高性能な虫眼鏡でも光学顕微鏡を使っても見ることはできないわけで、故に電子顕微鏡を使うわけです。

＊キーワードはエネルギーと励起

　そもそも炎色反応で色が観察されるということはどういうことかという原理を考えてみると、原子の周りを回る電子が高いエネルギー（熱）を与えられることによって、電子が原子核より離れた場所に移動する、これを励起といい、プラズマ状態になっていることを意味します。プラズマ状態が元に戻るときに、余分に蓄えられたエネルギーを光として放出し、それが原子によって異なる。これが原子のスペクトルであり、そのスペクトルの中で人間の可視光域に収まるものが「炎色反応」として見ることができる、というわけです。

　このような生物・化学・物理の垣根を越えた教え方を示すことで、学問はつながっていると体感させるような実験にしたいものです。

Experiment 実験 No.12

猿に矢は当たるのか？空中衝突実験

難易度	★★★☆☆
対応する指導要領	物理／様々な運動／斜方投射

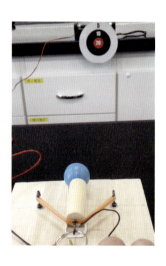
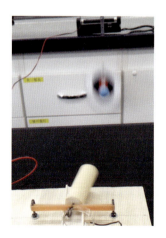

物理の演習問題としてしばしばネタになるモンキーハンティング。それを実際にやってみようじゃないか、というのが今回の実験。仮定が現実になる瞬間を目にすれば、科学的な興味は自然と湧いてくる！

Mid-air collision

147

実験の目的 上から落ちてくるものに、ものをぶつけるにはどうしたらいいのか。物理の法則をリアルに体感し、理解させる

　物理の演習問題として、「モンキーハンティング」というものがあります。概要をざっくり説明すると、猟師が木の上にいる猿に向かって吹き矢を構えて狙っています。しかし、猿は吹き矢が発射された瞬間に木をつかんでいる手を離し、地面に垂直に落下して逃げようとします。この場合、矢は命中するのかどうかというのが問題となります。

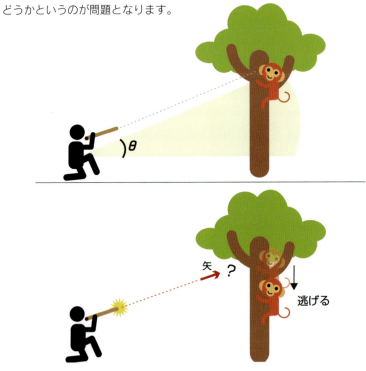

　この問題を実際に実験してみて、体感・理解するのが今回のテーマとなります。上から落ちてくるボールに、地上にいる人がボールを投げて命中させるにはどこを狙って投げたら良いのか？　また、実際にそんなことは可能なのか？
　今回は本当にできたら嬉しくなるような現象を科学的に解明し、実験して確かめてみようと思います。

01 工作
逃げる標的と発射装置の製作

> **用意するもの**

エナメル線 3m：直径0.3mmのもの
標的となるもの：厚紙またはフィルムケース
木の板：20cm×15cmほどのもの
円筒形の木片：直径2cm、長さ5cm
ゴム：円周が12cmで幅が6cmほどの太いもの
フック 4個：ねじ式のL字型が1個、リング状のものが1個、鉤形のものが2個
鉄製のリング 1個：金属製のキーホルダーのリングでも可。直径3cmのものを用意
スーパーボール 1個：直径2cm程度のもの
電池ケース：単3が2本入るもの
単3電池 2個
電線2.5m：赤黒の線のもの
電気配線用カバー 5cm分
ボルト 1本：直径4mm、長さ4cmもの
セロハンテープ、クリップまたは画鋲、紙ヤスリ、はさみ

 注意事項 コイルに長時間電流を流すと熱くなるので、火傷などに注意する

> **手順**

1. ボルトにエナメル線を巻きつけ、コイルを作る。エナメル線は10cmほど残しておき、途中から巻き始める。隙間なく巻いたら、さらにもう一重巻く

手順

2. 巻き終わったら、エナメル線の両端5cmほどの被膜を紙やすりで擦り、はがしておく

3. フィルムケースなどを使い、標的を作る。上部に画鋲を刺したりクリップなどをつけるなどし、標的が磁石にくっつくよう、細工する

4. 下記写真を参考に、スーパーボールの発射装置を製作する

手 順

5. 木の板に、5cmほどに切った電気配線用カバーを両面テープで貼りつける

6. ゴムの長さ方向のほぼ中心にリング状のフックを刺し通す。このフックを円筒形の木片にねじ込む

7. ゴムの両端は、木の板に固定した鉤形のフックに引っかける

8. 円筒形の木片に取りつけたリング状のフックに、鉄製のリングを入れ込む

9. 木の板にL字型のフックを取りつける。このフックに鉄製のリングを引っかける

10. 電池ケースの赤線は、電線の赤線に接続し、電池ケースの黒線は鉄製のリングに接続する。電線の黒線は、木の板に取りつけたL字型のフックに接続する

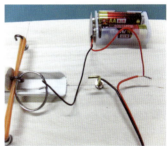

11. 電線の赤・黒線を電磁石に接続すれば、装置は完成

＊電磁石を利用した装置づくり

　この装置は、標的を弓矢のようなもの（今回はスーパーボール）で狙うわけですが、矢を発射したと同時に標的が落下を始めなければいけません。これを簡易な装置で実現するには、電磁石を応用するのが最適です。

　まずはボルトにエナメル線を巻きつけ、コイルを作ります。この時、エナメル線を10cmほど残しておき、途中から巻き始めます。コイルを釘に密着させ、隙間なく巻きつけたらさらにその上に巻いていきます。重ねて巻いたほうが強い磁石ができるからです。

　ボルトは買ってきた状態で使用しても問題ありませんが、一度火で炙り、時間をかけて冷やし、鉄の性質を変えておくと、電流を切った時に磁力線が消え、標的が落下しやすくなります。

　エナメル線を巻き終わったら、先端5cmほどの被膜を紙やすりで擦り、しっかりと被膜をはがしておきましょう。

　次に猿の代わりとなる標的を作ります。今回はフィルムケースを使いましたが、金属製のキーホルダーなど、軽く、磁石にくっつくようなものになっていれば何でもかまいません。

　そして発射装置を作ります。矢の代わりになるスーパーボールを発射する装置で、木の板に電気配線のカバーでレールを作ります。カバーを5cmほど切り、両面テープで木に貼りつけておきます。

　次に、直径2cmほどの木片を5cmほどの長さに切り、10の写真のようにゴムにねじ式のフックを通して木に固定します。このフックに鉄製のリングを取りつけます。ゴムの両端を固定するためのフックを木の板に取りつけ、ゴムをぴんと張ります。

　あとは最後に、電池ケースと銅線をつなぎ、それぞれの線の端をフックに巻きつけ、セロハンテープで固定します。

　これで、実験装置は完成しました。では、いよいよ実験をしてみましょう。

02 空中衝突実験は成功するのか!?

基本実験

実験手順

1. 適当な場所にコイルを固定し、コイルの上に標的を貼りつける。標的に向かってボールが発射できるよう、発射装置を固定する。電源をオンにし、ゴムを張り、ゴムの後方にあるフックにリングを固定する。

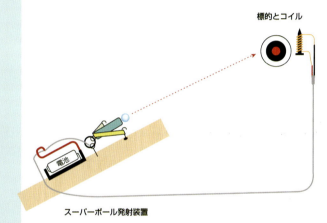

標的とコイル

スーパーボール発射装置

2. 標的に向かって狙いを定める

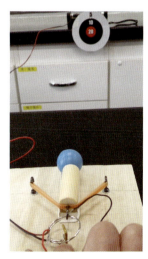

実 験 手 順

3. リングを持ち上げ、ボールを弾き飛ばす。同時に、標的も落下を始める

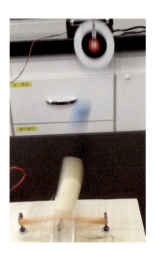

↓

4. 見事落下中の標的に命中！ もし当たらなかった場合は、発射装置のレールと標的が一直線状にあるか確かめる

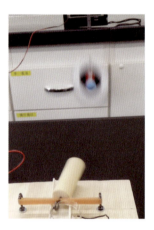

＊見事実験成功！

装置が組み上がったら、いざ実験開始です。

まずは標的の位置を決め、そこにコイルを固定します。次にそのコイルに向かってスーパーボールが発射できるよう、発射装置を固定します。電源をオンにし、ゴムを伸ばし、ゴムの後方にあるフックにリングを固定します。最後に標的をコイルに貼りつければ準備完了です。

1、2、3、ゴー。リングを持ち上げ、ボールを弾き飛ばしてください。どうですか？　ボールは標的に当たったでしょうか？　きちんと動作し、正しく標的に照準が合っていれば必ず当たります。もし当たらなかった場合は今一度、発射装置のレールと標的が一直線上にあるか確かめましょう。

1度うまく標的にボールが当たると、あとは何度実験しても命中し、爽快な気分になります。

 教育のポイント

＊生徒に興味を持たせるポイント

以前は、物理の教科書でこの実験のことを「モンキーハンティング」と呼んでいましたが、残酷だという理由からでしょうか、現在では「空中衝突実験」という名前になっています。名前のことはさておき、これが物理の観点から見て、どのような実験なのかご説明しましょう。

授業などではまず、この猿と猟師の状況を説明し、どこを狙うべきなのかを生徒に考えさせます。猟師と猿との距離はかなり離れていて、矢の飛び方を考えないと命中しません。では、どこに照準を合わせて撃てば良いのでしょうか。猿の少し上を狙うべきなのか、もしくは猿自体を狙うべきなのか、落ちてくる猿を考えて少し下を狙うべきなのでしょうか？

さらに自分で考えさせるため、次のようなヒントを出して逆に混乱させてみましょう。

「矢には重力が働いているので、放物線を描いて飛んでいく。猿にも重力が働いているので、自由落下する。しかし、猿がいる高さはわからない。人と木との距離も、人と猿との距離もわからない。したがって何秒後に当たるかもわからない。おまけに矢が飛び出す速さもわからない……」

当然空気の抵抗や風向きなどは無視することを伝えた上で、猿に命中するかどうか……。それが感覚ではなく、数式で証明することができ、さらには実験で体感することができると、生徒の間に物理に対する理解と興味が俄然沸いてくるのを感じられるでしょう。

＊そもそもの出典はどこか？

このモンキーハンティングの実験は、物理の実験としては非常に有名なのですが、この話の出典はどこの、どんな話だったのでしょうか。少し調べてみました。

アメリカのwebサイトでは、この実験を"Monkey and Hunter apparatus"と呼んでいることが多かったのですが、ストーリーが少々違いました。

たとえば、Wikipediaの英語版では、「森に入った猟師が獲物を探していると、前方にある、ちょうど自分の頭の高さの木にぶら下がっている猿を見つけました。いつ、どこを狙って吹き矢を吹けば良いでしょうか」となっています。また、ミネソタ大学のサイトでは、吹き矢ではなく麻酔銃を使っていて、麻酔銃を撃った時に出た煙を見た瞬間、猿は飛び降りることになっています。どちらも猟銃に比べるととても遅い矢や麻酔用の注射器を飛ばしていて、それらが当たるまでにある程度の時間がかかると想定できます。

＊物理の法則を踏まえた説明の仕方

さて、いざ実験を終えて生徒に説明していくに当たって、この状況で矢を猿に命中させる方法を、物理学的に紐解いていきます。

まず猿のいる場所の高さをH（m）とし、猿のいる木と猟師Aがいる木の水平距離をL（m）とします。吹矢の速さをV(m/s)とし、この速さは変化しないとします。また狙う角度をθ度とします。

ここで、運動は水平方向と垂直方向に分けて考えられる、ということを覚えておいてください。

つまり、斜めに飛び出した矢の運動は、力が働いていない水平方向の等速運動（慣性の法則）と、重力が働いている鉛直方向の加速度運動（運動の法則）に分けて考えられます。お互いの運動は独立していて、他に影響は与えません。

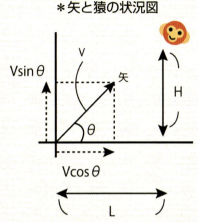

*矢と猿の状況図

*最低限必要な矢のスピードを求める

まず、猿のいる高さと狙う角度から、矢の速さの最小値が求められます。つまりこの速さより遅い矢は、猿に当たる前に地面に落ちてしまうことになります。ここから、猿に当てるための最低速度がわかります。

空中に飛び出したあと、矢に働く力は重力のみです。したがって、水平方向には働く力がありませんから、水平方向は等速運動することになります。

矢が猿に当たるためには、今猿がいる真下の空間を矢が通過する必要がある、つまり水平方向にL（m）飛ぶ必要があります。

何度も述べているように、水平方向は等速運動ですから、矢がL(m)移動する時間 t は、

$$t = \frac{L}{V\cos\theta} \ [s] \quad \cdots\cdots ①$$

となります。

また、最も遅い矢の場合、矢が猿に当たるのは地面ぎりぎりのところですので、猿が落下して地面に達するまでの時間と、矢が空中を飛んでいる時間は等しくなります。

$$H = \frac{1}{2} g t^2 [m] \quad より$$

$$t = \sqrt{\frac{2H}{g}} \ [s] \quad \cdots\cdots②$$

となります。

②式を①式に代入して、Vを求めると

$$V = \frac{L}{\cos\theta} \sqrt{\frac{g}{2H}} \ [m/s] \quad \cdots\cdots③$$

となり、これが矢に必要な最低限の速度です。

ここから先は、矢は③式の最低速度より速いという条件で話を進めます。水平方向の運動から、今猿がいる真下のどこかに届く時間が①として求められました。つまり、この時間こそまさに、矢と猿がぶつかる時間なのです。

*矢が猿に当たるための条件とは？

では、t秒の時に、矢と猿の位置関係がどんな状況となっていれば、矢は猿に当たるのでしょうか。もうおわかりだと思いますが、矢は放たれてt秒後に、はじめに猿がいた位置の真下に来ているわけですから、猿と矢が同じ高さにいれば当たるということになります。

早速、猿のいる高さと猿に当てるために必要な矢の高さを求めてみましょう。

・猿

猿は、自由落下（初速度がない落下）ですから、等加速度運動の距離と時間との関係式より、はじめにいた高さから落下距離を引くと、猿のいる高さ$h_猿$は、tに①を代入し、以下のように求められます。

$$h_猿 = H - \frac{1}{2} g t^2$$

$$= H - \frac{1}{2} g \left(\frac{L}{V\cos\theta}\right)^2 [m] \quad \cdots\cdots④$$

・矢

矢は斜めに吹き出されているので、水平方向の等速直線運動と、垂直方向の落下運動が合成された運動になります。しかし、高さを求める場合には、鉛直方向だけ考えればよいので、高さ$h_矢$は、

$$h_矢 = V\sin\theta\, t - \frac{1}{2}g t^2$$

$$= V\sin\theta \times \frac{L}{V\cos\theta} - \frac{1}{2}g\left(\frac{L}{V\cos\theta}\right)^2 \ [\text{m}] \quad \cdots\cdots ⑤$$

④＝⑤より

$$H = \frac{1}{2}g\left(\frac{L}{V\cos\theta}\right)^2 + V\sin\theta \times \frac{L}{V\cos\theta} - \frac{1}{2}g\left(\frac{L}{V\cos\theta}\right)^2$$

よって

$$\tan\theta = \frac{H}{L} \quad \cdots\cdots ⑥$$

となります。

この式から、猟師はどこを狙えば良いかがわかります。⑥式を満たす角度θは、猟師から木の上にいる猿に向かって引いた直線方向ということです。つまり、はじめに猿がいる場所を狙って発射すれば、空中で猿に命中するということが、物理的に証明できるわけです。

そして空中で当たるためには③式で与えられる最低速度以上でなければいけないということもわかりました。

＊帰納的方法と演繹的方法

科学的な手法とは、観察や計測によりとらえた現象を、データを基にその根本となる原理を発見し、法則化していく「帰納的方法」と、その法則を基にこれから起こる現象を予測する「演繹的方法」に分けられます。

モンキーハンティングは、後者の演繹的な方法、つまり一般的、普遍的既知の前提から、応用的、発展的な結論を得る、論理的推論のための教材としては丁度良い難易度と面白さを兼ね備えた実験です。

「下手な鉄砲も数撃ちゃ当たる」では狙った的にものを当てるプロセスに何ら科学的な方法はなく、再現性も乏しいものとなってしまいます。

ものの動きを予測し、検証するための実験を通じて、狙いを定めるまでに今まで獲得した知識を駆使して論理的に考え、どこに狙いを定めるかを決定し、検証するというわくわくするプロセスを体験することができます。

　また、ボールを放つ時のドキドキ感を体験することも、科学の醍醐味の1つでもあります。実際に標的に当たった時の感動は大変大きく、得られる達成感は言葉で言い表せないものがあります。

　授業では、人類が考えたこの帰納的方法と演繹的方法をしっかりと説明してから実験されると、生徒が得る喜びも満足感もより大きなものとなると思います。

Experiment 実験 No.13

DIYで行う
水蒸気蒸留＆超臨界抽出

| 難易度 | ★★☆☆☆／★★★★★ |

対応する指導要領
- 化学基礎／物質の構成
- 化学／物質の状態と平衡

複雑なガラス器具を使わず、安価でも十分に行える実験方法を紹介！化学における抽出の大切さ、また実際に中で何が起きているのかを解説する際のポイントもお伝えする

Extraction

161

実験の目的 身近に存在する化学操作「抽出」の工程を体感し、その重要性、仕組み、原理について考察する

　身の周りを見渡してみると、意外とこの「抽出」に関係するものが多いものです。化学における抽出の大切さ、「何をしているか？」を教えるためにも、身近な題材は欠かせません。

　化学的な視点から見れば、お茶も十分な抽出ですし、コーヒーは淹れ方によって抽出法が変わるので、当然溶け出す成分が微妙に変わり、味も変化します。

　最近はやりのアロマテラピーに使われる精油やフローラルウォーターといったものは、抽出によって作られています。

　今回は、複雑で高価なガラス器具を使わずに、安価でできる抽出法を紹介します。特に後編の超臨界抽出は、有機化学の研究室などにも応用が利くものなので、是非とも参考にしていただきたいと思います。

基本実験
市販の電気蒸し器で作る水蒸気蒸留装置

▶ 用意するもの

電気蒸し器：家庭用の調理家電。安いものなら2〜3,000円、高くても1万円以内で購入可能

生のハーブ：乾燥ハーブでも可能なものはあるが、香りは失われやすい。今回はアロマティカスを使用

冷却管：「テックジャム」などのサイトで、2〜3,000円で購入可能

〈冷却水循環装置〉

熱帯魚水槽用投げ込みポンプ：水を循環させるポンプ。熱帯魚店で1〜2,000円程度

継手2個：ホームセンターの水道用品コーナーで購入できる

ガラス管：ホームセンターで販売されているもので、プラスチック製でも可

発泡スチロール容器：ポンプと保冷剤のサイズに合うもの

保冷剤：氷枕サイズが理想だが、ケーキなどについてくる小さいものでもOK

温度計

→ Extraction

家庭用の電気蒸し器

生のハーブ。今回はアロマティカスを使用

保冷剤。いわゆる氷枕サイズのもの。もっと小さいものでも代用可

注意事項 蒸気を扱うので、火傷などに注意する

実験手順

1. 電気蒸し器の蒸気の逃げ場を1ヵ所残し、ゴム栓やガムテープでふさぐ。残った1ヵ所に冷却管をつなぐ

これだけで精油を作れるぐらい、高性能な水蒸気蒸留が行える

163

実 験 手 順

2. 冷却水循環装置を、右写真のように組み立て、ガラス管の先を1の器具のチューブbにつなぐ

自作の冷却水循環装置

↓

3. 発泡スチロールに保冷剤、冷却水循環装置を図のように入れる

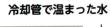
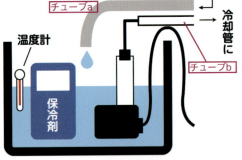

↓

4. スイッチオン！

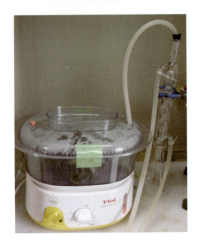

↗

実験手順

5. 1時間で500mlのハーブウォーター、1ml以下のごく少量の精油が得られた

得られたハーブウォーター。精油はハーブウォーターの上にうっすら浮いている

02 基本実験
さらにお手軽！ 荒技抽出法

実験手順

1. 蒸し器の蒸気穴をふさぐ

↓

2. 蓋に保冷剤を直接載せる

↓

実験手順

3. 水蒸気の受け皿から抽出物を直接回収する

回収したハーブウォーター。冷却管を使用した場合と違い、不純物が多く含まれる

＊水蒸気蒸留を手軽に見せる

　数年前からのヘルシー志向の高まりを受けて、家庭でも手軽に蒸し料理ができるよう、電気蒸し器という調理器具が登場しました。たいていは1万円前後で入手でき、小さいものであれば2～3,000円と非常に安価です。

　いずれも1,200W近いハイパワーな熱源で、あっという間に高温蒸気を作り出すことができ、今回はその蒸気をうまく使って水蒸気蒸留装置を作成しました。

　仕組みは至って簡単で、蒸気の逃げ場を1つにし、それを冷却管に導入するだけです。今回は生のハーブを使ってハーブウォーターを作ってみましたが、化粧水などに使われるこうしたハーブウォーターは100ml当たり1～2,000円

memo 自作したハーブウォーターを化粧水などに使う場合は、必ずアレルギーを起こさないかテストをしてから使うようにしましょう。また、冷蔵しておかないと痛みやすいものが多いので、冷蔵保存が必須です

前後で販売されていることが多く、庭に植えたハーブなどで自作すると、とってもお得だとも言えるでしょう。

＊高価な冷却装置は自作で解決！

分液漏斗やソックスレー装置などを使った抽出に関しては、たとえばソックスレー装置はガラス器具を揃えるだけで数万円の支出となってしまい、おいそれと購入しにくく、高い壁を感じるかと思います。

さらに冷却管を使う実験では、冷却水の問題もあります。ラボで使われている冷却水循環装置は家庭で使うには大げさですし、何よりちょっとした中古車が買えるくらいの値段がします。水道水のかけ流しという手もありますが、それはもったいない気がする……。

そこで市販品を流用し、専用品には劣るものの、こうした実験では十分使えるレベルの冷却水循環装置を紹介しました。装置のカラクリは至って簡単で、熱帯魚ショップに売られている投げ込み式のポンプとチューブを継手でつなぎ、あとは発泡スチロールの容器に水と保冷剤を入れ、冷水を循環させるだけです。

簡単なアイデアではありますが、水蒸気蒸留などにおいては十分な冷却能力を発揮し、保冷剤のサイズによっては2〜3時間の運用は十分可能です。

ちなみに冷却管は自作してもいいですが、通販サイト（「テックジャム」 http://www.tech-jam.com/）などでリービッヒ冷却管やアリール式冷却管が2〜3,000円と手頃な価格で販売されているので、信頼性の高い専用具を使うほうがいいでしょう。

高価なソックスレー装置がなくても、水蒸気蒸留はできる！

03 基本実験
究極の抽出！ 手作り器具で超臨界に挑戦

▶ 用意するもの

〈抽出装置〉

①②**高圧ユニオン継手**：両端がネジで開閉できるようになっている継手。1,500円ほど。最も応力がかかる部分なので、常圧タイプではなく、高圧タイプを購入すること

③**ニップル**：両端にネジが切られた水道管。水道管を流用するなら、1/2インチ規格のものを使う

④**高圧ボールコック**：できればシール部分にPTFE（ポリテトラフルオロエチレン、つまりテフロン）が使われているもの

⑤**ノズル**：必須ではないが、飛散防止のために取りつける。細いニップルでも代用可

⑥**圧力計**：防水仕様で、25MPaまで計れるもの

シールテープ：水道管コーナーに必ず売られている

※上記の材料はすべてホームセンターや通販サイト（「モノタロウ」http://www.monotaro.com/）などで手に入ります

抽出試料：今回はティーバッグの緑茶を使用

ドライアイス：1kgで500円程度。氷専門店、ガス店等で購入するか、少量で良いのでスーパー、ケーキ屋、アイスクリーム店でもらってきても良い

キリ：ドライアイスを砕けるものなら何でもOK

回収容器：ビーカーなど、抽出した試料を入れるもの

バット：30～50℃程度のお湯を入れて、抽出装置を温めるために使うので、装置が入るサイズのものを用意

注意事項 超高圧を扱うので、漏れや破裂が起きないよう、材料調達や組み立てには細心の注意を払う。また、ドライアイスを扱うときは、凍傷や低温火傷に注意！

実験手順

1. 各パーツを完成したときの順に並べる

2. それぞれのつなぎ部にシールテープを2、3周引っ張りながら巻きつける

3. 各ネジ部を締め、完全に密閉する

③の先端に①を取りつける

実験手順

↓

さらにその先に④、⑤を取りつける

↓

最上部に圧力計を固定

4. 完成！

↗

170

実験手順

5. ニップルの端に抽出材料を入れ、しっかり締める。今回は緑茶パックを使用した

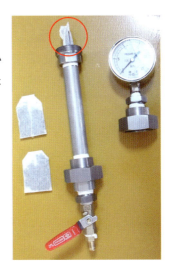

6. ドライアイスを細かく砕く

7. 抽出試料の上に、砕いたドライアイスを隙き間なく詰める。ユニオン継手を締め込み、サンプル室を密閉する

実験手順

8. バットに容器を入れ、温度と気圧に注意しながら、30〜50℃程度のお湯に浸す

↓

9. 温度が31.1℃、7.382MPa（約74気圧）以上になると、サンプル室内は超臨界状態となり、超臨界流体で満たされた状態になっている

↗

圧力・温度が条件を満たしているかきちんとモニターする

実験手順

10. 圧力が下がらないうちに、ビーカーなどの容器に向けてコックをゆっくりひねり、ガスを噴出させる。この時、タオルで良く拭いてからでないと水が先に入り込んでしまい、せっかくの中の無水状態がダメになってしまう。よく拭いて乾燥させておく

↓

11. 極めて小さいが、結晶が得られた。純度は不明であるものの、カフェインの結晶と思われる

＊家庭レベルの DIY で超臨界抽出を実現！

　水蒸気蒸留の次は連続抽出や分液漏斗を使った抽出を紹介……ではなく、一足飛びで最先端の抽出技術である超臨界抽出を紹介しています。

　実験室でもまずなかなかお目にかかることのない超高圧の世界は、実は DIY レベルの組み立てで実現することが可能ということが、今回の実験の肝にもなっています。制作や運用はあっけないほど簡単ではありますが、なにぶん超高圧を取

扱う実験になるので、材料の調達や組み立てにミスがないよう細心の注意を払ってください。

＊実験の原理とポイント

　ご存じの通り「超臨界流体」とは、液体と気体の両方の性質を持ち合わせた流体です。どういうことかと言うと、液体のような溶解性と、気体のような発散性を持ち合わせている流体ということです。超臨界状態に相転移すると化学的・物理的性質がガラリと変わることで、いろいろな用途に応用ができます。

　今回使用した二酸化炭素（ドライアイス）であれば、超臨界状態になるとカフェインを選択的に良く溶かします。現在ではその性質を利用し、カフェインレスの緑茶やコーヒーといったものが作られています。超臨界条件も31.1℃、74気圧という比較的穏やかな条件で到達できるため、この実験のように密閉装置に二酸化炭素を圧送して温度を上げれば、比較的容易に超臨界に到達することが可能です。

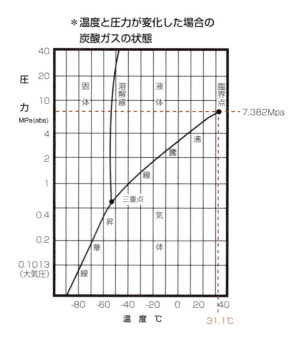

なおかつ、圧送には専用のポンプが必要になりますが、今回のようにドライアイスを利用することで省略できます。また、説明ではぬるま湯に浸して温度調節しましたが、ドライヤーで暖めたり、熱湯を注ぐなどして温度を高くすることも可能です。

取り出し方も簡単で、温度が冷めないうちにボールコックを少し開いて、内容物を回収します。ボールコックの内側は臨界状態であり、系外に出た瞬間に超臨界は壊れて、気体の二酸化炭素になってしまいます。この時溶け込んでいたものが粉状となり、回収容器に溜まります。取り出す際に注意したい点としては、サンプルの入っているニップルを常に超臨界条件である 31.1℃以上に保ち、超臨界状態を維持することです。サンプル室の温度が下がって超臨界を脱すると、溶け出した試料が析出してしまい、カフェインを回収できません。

＊後処理のポイント

装置本体の洗浄は簡単で、ユニオン継手を外して水洗いしてしまえば OK です。厄介なのは圧力計であり、ブルドン計の場合はきちんと洗浄できていないと、中の渦巻状の管に抽出試料が詰まってしまいます。圧力計を洗浄する際は試料を入れず、ドライアイスのみを詰めて抽出と同じ操作を数回繰り返します。すると内部は完全に洗浄されて清潔になります。ブルドン計は構造上コンタミ物質を溜め込みやすいので、最初からダイヤフラムで分離された高級なものを使う、というのも 1 つの手です。

 教育のポイント

＊水蒸気蒸留の仕組みを考えさせる

抽出というのは自然物より目的のモノを取り出すという、人類が最も初期に考案した「化学操作」です。コーヒーやお茶といったものも水という溶媒を使った抽出法であり、工業的にも多くの抽出工程を経て、単一の特定の物質を取り出すなど、我々は多くの物質を自然物から取り出

しているわけです。

　今回の抽出方法はその中でも特に原始的な水蒸気蒸留というものですが、中で行われていることは通常の抽出工程より複雑です。

　この水蒸気蒸留では、精油というオイル状の香りを少量抽出することができますが、これは沸点が高く、水にはほとんど溶けない有機化合物（多くはテルペン系炭化水素）を含む植物などを高温の水蒸気で蒸すことによって、水蒸気圧が大気圧と同じになり、本来の沸点より低い温度で目的の有機化合物（香り成分）を取り出すことができるという仕組みです。そしてハーブウォーターにはコロイド化した精油が少量溶けているために、こちらはこちらで用途があるものの、オイルに比べると取り出せる量が多いため、価格が安いというわけです。

　現在の教育指導要領の中では蒸気圧が教えられていないため、水蒸気蒸留の仕組みを説明することができません。可能であれば、水蒸気蒸留を教える前に、蒸気圧とは何かということを軽く説明した上でこの水蒸気蒸留の仕組み、メリット、デメリットなどを考察させるようにしましょう。

176

Experiment 実験 No.14

19世紀の天気予報!?
ストームグラス

難易度	★★☆☆☆
対応する指導要領	化学／物質の状態と平衡
	化学／無機物質の性質と利用
	地学基礎／変動する地球
	地学／地球の大気と海洋

Storm glass

19世紀から天気予報に活用されていたというストームグラス。美しい結晶が現れたり消えたりする様は、科学が進歩した現在でも十分楽しめる。大昔のロマンに胸を馳せつつ、結晶の析出を目の当たりにできる楽しい実験

177

実験の目的 大昔のロマンに思いを馳せつつも化学の結晶観察ができる

　ストームグラスは、19世紀に航海士が天気を読むために使っていたというもので、小瓶の中に多くの化合物が溶かされており、気候の変化に応じて中の結晶も変わると言われています。気象との精確な因果関係はあまり期待できないですが、ランダムに変化する結晶は非常に美しく、材料も安全なものばかりなので、安心して実験させることができるのも利点です。

　昔の合成法では硝石などを原料にしていますが、硝石の原料は硝酸カリウムであり、毒劇物ではないものの、火薬原料となる等の理由で試薬として調達が難しい場合があるため、汎用性が高く、薬局などで入手できるものに限定して作れるようにアレンジしています。

01 基本実験
瞬間冷却剤と防虫剤でストームグラス

▶▶ 用意するもの

樟脳 13g：押入れ用の防虫剤で十分
硝酸アンモニウム 2.5g：瞬間冷却剤としてドラッグストアやホームセンターで売られている（特に夏場）
塩化カリウム 4g：「減塩塩」としてスーパーで売られているもの
エタノール 40ml：薬局などで無水エタノールを購入する
蒸留水 30ml
ビーカー：しっかり洗浄された、綺麗なもの
密閉容器：スクリュー瓶など中身の見えるガラス製のもの
ビーカーを湯煎するための容器

今回の材料一覧。本来のレシピでは塩化アンモニウムと硝酸カリウムだが、硝酸アンモニウムと塩化カリウムで代用している

● Storm glass

注意事項 結晶が安定して出現するまで振ったりしないほうが良い。夏場は気温が30℃を超えると結晶自体ができないことが多いので、その場合は季節をずらして対応する

実験手順

1. ビーカーに、紹介した材料をそれぞれの分量分計測し、溶かしていく。特に順番などはなく、分量も多少増減があっても問題はない（オリジナルのレシピは天然に産出する塩や抽出物を使っているので、純度は低かったであろうと推測できるため）

低温だと溶けないので、湯煎しながら溶かし込んでいく

2. 完全に溶けたら、瓶に詰めて、室温で2日ほど放置する。すると、結晶が出始める

179

*天気予報の原理

そもそも、ストームグラスは気圧や気温によって析出する、液体中の結晶を見て天気を占うというものです。その原理に関しては諸説あるのですが、そもそも結晶というものは、外界の温度や気圧で微妙に変化するものです。当然、気温が高いと結晶は溶けてなくなります。となれば、気圧差が刺激となって結晶の形に変化が見られる……もしそれが正しければ、嵐を読むことは不可能ではないかもしれません。

しかし、本当にそんなことが可能なのでしょうか？　幸い、本原稿執筆時に台風が通過したため、観察を行いました。結果としては……何とも言えません（笑）。確かに昼と夜の寒暖差が激しい日ほど、結晶は大きく析出します。そして、台風の前には溶液の半分ほどが大きな羽毛を思わせる美しい結晶で覆われました。確かに環境の変化で溶液の中は変化するということはわかりましたが、はたしてこれが台風の影響なのか、ただの温度変化によるものなのかは区別がつきません。

結晶が成長する角度から、低気圧の位置まで割り出せるといった説もありますが、何とも怪しい話です。とはいえ、気温や気圧といった外界の変化で、封じ込めた液体の中の結晶が変わるのは非常に面白く、そして美しいので、作ってみる価値は大ありでしょう。

*溶液を構成している成分

大昔からあるものなので、複雑な化合物などは使われていません。必要な試薬は樟脳、硝酸カリウム、塩化アンモニウム、エタノールです。オリジナルの組成と言われているレシピが、以下になります。

・樟脳　10g
・硝酸カリウム　2.5g
・塩化アンモニウム　2.5g
・エタノール　40ml
・蒸留水　33ml

これを実際に実験してみて、日本用にアレンジしたのが、今回紹介している

材料、分量となります。

　正確な秤量が行えない時代のものなので、組成は適当でもかまいません。当時の硝酸カリウムは硝石なので、当然、硝酸カリウムだけでなくナトリウムも相当量混ざっていたと思われます。

　そして塩化アンモニウムは、火山の火口付近に析出する鹵砂(どうしゃ)というものを使っていたと思われます。こちらは昇華性結晶なので、純度はそれなりに高そうです。

　ただ、硝酸カリウムは試薬として購入が難しい試薬です。理由は明白で、火薬原料になるからです。そこで発想を変えて、どのみち水溶液にする、つまりはイオンの状態で塩化アンモニウムと硝酸カリウムが溶けた状態になれば良いと考えて、この2つの薬品を硝酸アンモニウム、塩化カリウムと入れ子にすることで、一気に身近な薬品で代用が可能になりました。

　硝酸アンモニウムは、中に水と一緒に封入されたポケットクーラーとして、ドラッグストアやホームセンターでいつでも手に入れることができます（特に夏場によく売られています）。塩化カリウムは、高血圧症の人のための「減塩塩」とでも言うべき商品がスーパーに並んでいます。こうした商品は塩化カリウムと塩化ナトリウムが1：1で配合されているので、楽に必要分量を量りとることができます。また、幸い塩化ナトリウムが混ざっていても、十分結晶が成長しますので、大雑把にとらえて大丈夫なようです。

　樟脳は押入れ用の防虫剤として売られているもので十分です。樟脳にはスーッとした独特の香りがあり、また、抗炎症作用があるのでシップや絆創膏などにも使われているほど、毒性は低いです。

　エタノールは溶剤となります。昔の蒸留技術でも十分に高純度なものが得られたと考えられるので、薬局などで無水エタノールを買っておけば問題ありません。

＊作り方は、混ぜるだけ！

　いざ溶液を作っていきますが、作り方はとても簡単で、しっかり洗浄された綺麗なビーカーに、材料を入れて混ぜるだけです。あとは適当なスクリュー瓶に封印すれば完成します。1点注意点があるとすれば、低温では中々溶けないので、熱湯で湯煎しながら各成分を溶かすと良いでしょう。

前述したように、混合比はそれほど厳密ではなくても大丈夫です。もし結晶の析出が悪い場合は、樟脳を少し増やしてみると良いかと思います。ただし、樟脳の量は多過ぎても少な過ぎても駄目なようです。樟脳過多の組成では、綿状の樟脳が析出してあまり見た目が良くありません。ベストな組成は、20℃程度で数mmの針状結晶が常にある状態です。

　各成分を混合して溶かし込んだら、瓶に詰めて様子を見てみましょう。成功であれば、結晶がうまく析出するはずです。湯煎して混合した場合、直後は熱いので完全に成分が溶けており、結晶はない状態です。溶液の状態が落ち着くまでに、大体2日くらいかかるようです。瓶に入れた状態で放置すると、原理はわからないものの、結晶が出てくるようになります。

　冷却に関しては、試しに1つを室温で冷却、もう1つを冷蔵庫で冷やしてみましたが、冷蔵庫の場合は綿状のモヤモヤした結晶が析出しました。一方、常温で放置したものは針状の結晶が析出していました。ということは、急激な冷却ではなく、室温で放置するのがベストのようです。急速に冷却すると、中の溶液が粉状に固まってしまって美しくありません。

　せっかく美しい結晶が見られるのに、ただのスクリュー瓶では味気ない……！　そんな方のために、砂時計を使って、さらに見た目を美しくする方法をご紹介しましょう。

02 工作　さらにロマンを感じさせるモノに変身

用意するもの

実験01で作った溶液
砂時計：100円均一や雑貨屋で売っているもの
バーナーorアラルダイトなどの接着剤：バーナーは右写真のような、ホームセンターで売っているカセットコンロ燃料を使用するもので十分
注射器：溶液を注入する際に使用する
ニッパー、金やすり、保冷剤

手 順

1. ニッパーなどを使って、砂時計についている台座を取り外す。本体の砂時計部分には傷をつけないよう注意する

2. 砂時計のくびれた部分にヤスリで傷を入れて、折る

3. 中の砂を捨てて、よく洗う

手順

4. 実験 01 で作った溶液を、注射器で容器の半分まで入れる。注射針が入らない場合は、中を真空にするなどして入れる。注射器内部で結晶が析出して詰まらないよう、溶液は高めの温度に温めておく

↓

5. 液体を入れ終わったら、保冷剤などで中の液体を良く冷やす

↓

6. 内部の液体が冷えたら、ガスバーナーで熱して封じる（あるいは、接着剤で穴をふさいでしまっても OK）

手順

7. 完成！ あとは室温で2、3日放置すれば安定してくる

＊. 砂時計についていた台座をデコレーションして使ってみた。それなりの見栄えになった

＊もっと見た目を良くする

　さて、ストームグラスは現在の我々の暮らしからすれば、パッキンのついたスクリュー瓶など、ビタミン剤の空き瓶程度で十分なわけですが、それではあまりに見た目が安っぽすぎます。もう少しロマンを感じさせるアクセサリーとしての見た目にもこだわってみましょう。

　封入するには、中が見える透明な素材がベストです。考えられる素材としては、ガラスやアクリルなどがあります。アクリルなどは加工が容易ですが、有機溶剤の封入は苦手です。特にアクリルはエタノールで侵されるので使えません。ガラスに密封してしまうのが良いかと思います。

　色々探したところ、砂時計の入れ物が加工が容易で使えそうだとわかりまし

た。砂時計のくびれた部分にヤスリで傷を入れてパキっと折ると、簡単に入れ物ができます。そして、中の砂を捨てて良く洗います。中の砂は目に見えない細かいものが結晶核となり、不必要に結晶が出やすくなる可能性もあるので、一度洗浄してしまうのが良いと思われます。

＊封じ切り

　砂時計を改造すれば、中に液体を封入するのも簡単です。注射器で溶液を半分ほどまで入れますが、容器に注射針が入れば注入はすぐに終わります。注射針が入らない場合は、中を真空にするなどしてうまく液体を入れます。その間、溶液は高めの温度で温めておきます。低温になって注射器内部で結晶が析出すると詰まってしまうからです。

　液体を入れ終わったら、保冷剤などで中の液体を良く冷やします。エタノールは蒸気圧が高く、冷やしておかないと焼き封じる時に膨らんでしまいます。なので今度は冷凍庫などで最大限冷やし、さらに保冷剤を巻きつけて中のアルコールの蒸気圧を最大限下げます。

　よく冷えたら、ガスバーナーで熱して封じます。これはアンプルを作るときと同じような操作です。封じ切りであるため、不純物の混合は皆無です。また、バーナーで焼き封じなくても、穴をアラルダイトなどの接着剤でふさぐ方法もあります。アラルダイトなどのエポキシ樹脂は、エタノールに対してはある程度耐えますが、樟脳が溶けたエタノールへの耐久性は不明です。可能であれば封じ切りで完成させると良いでしょう。

　さらに、完成したストームグラスに、元々ついていた砂時計の台座を再利用するとそれっぽくなります。口の部分にキーホルダー用の取りつけ治具を取りつけても良いと思います。

大きな瓶に入れると、それはそれで迫力のある結晶が観察できる

教育のポイント

結晶の析出をより身近に感じられる実験

　ストームグラスは、このように簡単に結晶の観察ができて、楽しい教材です。高校の化学では、溶解度の項目で結晶の析出について習います。この時にミョウバン結晶などの実験をしても良いのですが、結晶の成長速度が極めて遅いため、液体中から結晶が出てくるという感覚があまり得られないままになる生徒も多いようです。そこでストームグラスを実際に作って観察するこの実験であれば、すぐに結晶が観察でき、しかも美しいということで、興味を持ってもらうには最適な教材です。

　ただし、出来上がる結晶は純結晶ではないですし、結晶がどのように出来るか、結晶がどういった作用で形が変わるか……といった部分に関しては、結晶化学や物理化学の領域になり、非常に難解であるので、あまり触れないほうが良いでしょう。恥ずかしながら筆者もよくわかっていません。

　今回の製作法としては、硝酸カリウムと塩化アンモニウムを使わず、硝酸アンモニウムと塩化カリウムで代用しました。この2つはイオンの状態では合っても分子の数では揃わないため、挙動は変わりそうですが、心配は無用です。念のため本来の材料でも作ってみたのですが、結晶の出来方には差はなく、割と大雑把な分量でも問題ないことがわかっています。また、分量が大雑把なのに加えて、結晶中に様々な化合物を抱き込むので、青色1号や、蛍光性の化合物（右写真はリボフラビンを溶かしたもの）などでバリエーションを作ってみるのもいいかもしれません。

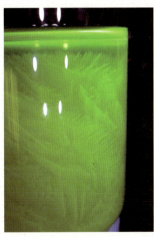

このようにブラックライトで蛍光を発するストームグラスも製作可能

Experiment オマケ

お役立ち
実験用台座を自作

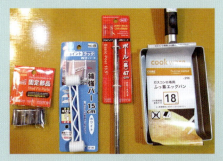

実験用器具の中では比較的地味であまり気にかけられることのない台座やヤグラ。しかし、市販品は使い勝手が悪かったり、応用が効かなかったりすることがある。この番外編では、知っておくと役に立つ、お手軽な工作＆材料で作れる台座作りの方法を紹介する

化学実験に必要なものと言えば、フラスコやビーカーといったガラス器具と答える人は多いですが、そのガラス器具を固定する台座やヤグラといったものは、あまりに存在が当たり前過ぎて思わず「必要なもの」という考えからすら漏れてしまっている人も多いかと思います。ただ、当たり前に使っている反面、ものによっては不安定であったり、耐薬性がなかったりと意外に不満に思っている人も多いものです。また、台座の土台にホットスターラーなどが干渉し、不安定な装置をむりやりな形で安定させて使った経験をお持ちの方も少なくないでしょう。

　そんな不満を解消すべく、また、自分好みの使いやすい台座を、ホームセンターで売られている材料で作る方法をご紹介します。加えて「ねじ穴を作る」「ネジを切る」という金属工作を自由にできるようになれば、いろいろな実験装置の応用・改造に役立ち、実験の予算圧縮にもなるでしょう。

01　工作
これは使える！　自作ヤグラ

▶ 用意するもの

鉄アレイなど：ドーナツ状のものがオススメ。足場用の角座金や丸座金、釣具店で売られている数百円の鉛でも可

角型フライパン：ホームセンターで売られている格安のものを使用

自作ラック用パイプ：100円均一で売られている、2cm間隔で溝が彫ってあるもの。長さは50cmほど

補強バー

ラック用パイプの固定用具

ワッシャー：大きめのもの。重りの固定用

5mmドリル：電動のハンディドリル。2〜3,000円で買える

センターポンチ

M6タップ：M6であれば500円程度、セットで2,000円前後で購入できる

タップハンドル

パイプカッター：金属製パイプを切断するための工具

切削オイル：今回はなくても大丈夫だが鉄の塊など頑丈なものにネジを切る際は必須

ドライバー、ニッパー

← Pedestal

上が M6 タップ、下が 5mm ドリル

今回の材料。ホームセンター、100 円均一でそろうものばかり

パイプカッター

電動ドリル。最近は手頃な価格で手に入る。スライダックで回転数を制御できるので、ハイパワー撹拌器などにも改造できる……

 金属の切り口や、切りくずでの切り傷に注意！

手順

1. フライパンの取っ手部分を取り外す。ネジで固定されていればドライバーで取り外し、リベットで固定されているのであれば、ニッパーなどで切り取る（乱暴だがドリルで貫通させても良い）

191

手順

2. センターポンチで穴を開けたい場所に小さなくぼみを作ってから、そこに真っすぐにドリルを立てて、貫通させる。貫通した瞬間、床にドリルが突き立つことがあるので、下に木材や廃雑誌などを敷いておく

↓

3. M6タップをT字にセットする

↓

4. T字にセットしたタップを、フライパンに対して垂直に立て、正確にネジ穴を開ける

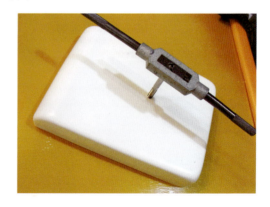

手順

5. ネジ穴ができたら、ネジを通してみてきちんと通るか確認する

↓

6. 支柱をパイプカッターで好みの長さに切断する（パイプがちょうど良い長さであれば、この工程は不要）。力技ではなく、刃を軽く当てて少しずつ切れ込みを入れていくとうまくいく

↓

7. パイプカッター付属のやすりで切りくずを取っておく

手順

8. 裏面にM6ネジを止める

↓

9. フライパンの裏面に鉄アレイを固定する。大きめのワッシャーで鉄アレイの貫通穴部分をカバーし、本体に仕込む

↓

10. 支柱を組みつけたら完成！

手順

* 見た目は市販品には劣るが、十分に役割を果たしてくれる。重りが入っているので、大型のガラス器具をつけても安定している

* アーム式のクランプを補強バーで漏斗立てに……等の使い方もできる

＊素材の選定

　化学実験で必須とも言える実験用器具を固定するヤグラの作り方をご紹介しました。素材はホームセンターに置いてあるものばかりですが、十分実用に耐えうるものです。

　角型フライパンは、ホームセンターに売られていた格安のものですが、安いからと言って侮れません。フライパンは火で炙られるのが前提なので、非常に

195

酸化に強い塗料が使われており、そのコーティングは耐薬品性も抜群、通常売られている台座より遙かに強固で、耐食コーティングの点では市販品の台座を凌駕すると言っても良いでしょう。

ただ、問題としては材質がアルミ合金であるため、軽量で台座としては心許ないところでしょう。この手の用途ではある程度重量が欲しいので、オプションで重りをつけています。

自作ラック用パイプは、100円均一で売られていたものです。2cm間隔で溝が彫ってあり、固定用の冶具を取りつけて使えます。パイプ自体の長さは50cmほどあるため、必要に応じて切断して短くすることも可能です。素材は鉄に錆止めコートを施しただけのものですが、100円と安価なので、錆びてきたら交換してしまえるのが利点です。

鉄アレイは重りとして使います。先に述べたように、台座となる素材はアルミ合金であり軽量です。アルミ合金台座でも十分実用的ですが、1Lくらいの水を保持するにはやや強度が足りません。水であればひっくり返っても問題ありませんが、強酸などこぼれては困るものを保持するには、やはり台座の重量がないと不安です。そこで内部に鉄アレイを仕込みます。ドーナッツ状のものが使いやすいと言えます。この部分は重たいものが入っていれば良いので、鉄アレイである必要はなく、足場用の角座金や丸座金、釣具店で数百円で売られている鉛などでも何でもかまいません。

＊工具類の選び方

使う工具は、フライパンを加工するので金属加工ができるツールが必要です。まず、電動ドリルをホームセンターで買ってきます。今回はアルミ合金の穴あけなので、手回しドリルでも十分工作できますが、電動ドリルは何かと便利なので、1つ買っておいても損はないでしょう。

今回はM6ネジ（外径が6mmのネジという意味）を開けるため、ドリルの太さは5mmとしました。後のタップ加工に合わせると本来は5.2mmが良いのですが、相手がアルミなので0.1mmほど細くても問題ありません。

穴開けの前に使ったセンターポンチとは、先の尖った金属の棒であり、穴開け対象に小さな窪みを作るものです。こうしておくとドリルが暴れることなく、精度良く穴を開けられます。

そしてタップとはネジ穴を作るための刃物です。ドリルで作った下穴にねじ込むことで、ネジ穴を作ります。今回はM6ネジが欲しいので、調達しておきましょう。M6であれば500円ほどで買えます。少し高性能なものとしてスパイラルタップと言うものがあります。これは切りくずが連続して出てくるのでとても使いやすいですが、普通のタップの倍くらいの値段がします。今回限りの使用であれば普通のタップで問題ありません。最初は誰もが失敗するものですが、2、3回使えばすぐにコツを覚えることができます。セットで2,000円前後で買えるものもあります。

ドリルとネジ穴を切るタップは、太さに注意してください。ねじ穴より約1mm小さいドリルを使い、穴を開けるようにします。そしてねじ切りをする際に大切なのは、潤滑剤です。切削オイルは金属加工において刃物への負荷を下げるためのケミカルです。塩素化パラフィンや有機モリブデンなどの極圧材を含んでおり、刃物の耐摩耗性を劇的に高めます。潤滑性で切りくずをスムーズに排出する効果もあります。ステンレスなど硬い素材を加工する場合は放熱が重要になるので、このような場合にも切削剤は必須です。ただし今回は薄いアルミ合金なのでなくても大丈夫ですが、鉄の塊などにネジを切る際は必須になりますので、併せて購入しておきましょう。

*フライパンの解体

まず、フライパンの取っ手の部分を取り外してしまいます。製品によって取りつけ方が異なるので、それぞれアプローチは異なってきます。基本的にネジやリベットで取りつけれられている場合がほとんどです。ネジの場合はドライバーで回して取り外してしまいます。リベットの場合は永久固定なので、リベットを破壊しないと駄目です。アルミのリベットであれば、ニッパーで切り取ってしまいます。面倒であれば、ドリル等で貫通させてしまえば、乱暴ですが取り除くことができます。

*穴開け加工

次は、ドリルで穴開け加工をします。ドリルを使う前に、まずセンターポンチで位置決めをします。軽く一撃を入れて小さな窪みを作っておけば、失敗が少なくなります。あとは真っ直ぐにドリルを立てて、フライパンを貫通してし

まいます。この時、指を切りやすい鋭い切りくずがクネクネ出てくるので、注意しましょう。

　また、貫通の瞬間に、ドスンとドリルを床に突き立てることがあるので、下は傷がついても良い木材や廃雑誌などを敷いておくと安全です。

＊タップ加工

　ドリル加工が終わったら、ネジ穴を作るタップ加工に移ります。タップ加工のポイントは、正確かつ垂直にネジ穴を開けることです。今回のような2、3mmの薄い板であればそれほど神経質になる必要はありませんが、1cmを超えるネジ穴加工で垂直に作るのはなかなか難しいです。タップがうまく食いつかなかったり、回すのに大きな抵抗がかかる場合は、切削剤を使います。本来は切削用の専用油剤を使うのが理想ですが、ない場合はサラダ油など粘りの強い油を使えば大丈夫です。

＊パイプ切断

　多くのパイプカッターは、本体に切断後のバリを取り除くやすりがついているので、手順7の写真のようにあらかじめバリを取り除いておくと、手を切らず安全です。

　本体の加工が終わったら支柱の加工です。支柱の長さが売られているままで問題なければ、この工程はスキップしてください。もう少し短か目が良い場合は、切断するしかありません。切断というと考えられる手段はノコギリが真っ先に浮かびますが、金属製のパイプを真っ直ぐ綺麗に切るのはなかなか難しいと言えます。そこでパイプカッターという、金属製パイプを切断する専用道具を使えば、綺麗に切断することができます。

　ちょうど良いことに、100円均一に売られているスチールラック用の支柱は、2cm置きくらいに溝が彫ってあるので、パイプカッターの刃をその溝に合わせ、1/4回転ずつ、ゆっくりパイプを切断します。切断する際のコツは、刃を締めつけ過ぎないように、軽く当てて回す、刃が少し入ったら、また軽く締めて回すというように、力技で切るのではなく、ゆっくりと切れ目を作っていって最終的に自重で切断できるようになるくらいのつもりで切り込みを入れていくのが良いでしょう。

＊組みつけ

　本体と支柱の加工が終わったら、組みつけてみます。付属のM6ネジをフライパンに差し込み、更に支柱を固定します。

　今回、たまたまホームセンターで数百円で売られていた鉄アレイを分解したところ、ちょうど良い鉄の塊の部品が取れたので、重りとして取りつけました。この鉄アレイですが、重さがあれば何でも良いので、厚めの鉄板に穴を開けただけのものでも、釣り用の鉛でも大丈夫です。

　今回の鉄アレイ部品の貫通穴が15mmほどあるので、M6のネジではすり抜けてしまいます。そこで、大き目のワッシャーで15mmの穴をカバーします。そして、鉄アレイを仕込んだ状態で再び支柱を組みつければ、完璧な物が出来上がります。重量は申し分なくとても安定しています。

　最初はフライパンだったものが、言われなければ自作品だとわからないくらいのクオリティの台座に変身しました。先に述べたように耐熱塗装が施されているので、耐久性も抜群です。

＊補強バーを使う

　フラスコなどを固定する際は、アーム式のクランプを使いますが、さすがにこれを安価に自作するのは難しそうです。ただ、スチールラックのパイプ直径とアームのシャフトの直径は近いので、市販の取りつけ用治具がそのまま使えます。ただし、アームで延長すると梃子の原理で応力が台座にかかり、重いものを乗せるのに不安が生じます。試験管程度であれば良いですが、液体を入れたフラスコとなるとやや不安定です。そこで補強バーを使えば、隣の台座に固定することが可能で、よりどっしりと安定した実験装置を組むことができるのも、市販品にはない利点です。

工作
簡単工作でまな板がヤグラに変身!

用意するもの

まな板：ポリエチレン製のもの

ワッシャー2、3枚：5cm程度の大型のもの

イリサート：ネジ穴を取りつけるための金具。大型のホームセンターや「モノタロウ」などのネットショップで手に入る

先ほど使用したスチールラックのパイプ

電動ドリル

ワッシャーは、穴と棒のサイズなどを注意して、きちんとサイズが合うものを購入する

イリサート。似たような金具でヘリサートという金具があるが、間違って買わないようにする

手順

1. まな板にドリルで穴を開ける。先ほどの工作同様、床に傷がつかないよう、まな板の下に木材や廃雑誌などを敷いておく

200

手順

2. 開けた穴に、イリサートを取りつける

3. ワッシャーをはめ、棒を立てれば完成！

*. 複数の穴を開けておけば、ヤグラのような使い方も可能

＊まな板を使ったヤグラ工作

　ホームセンターで売られているまな板の多くはポリエチレンで出来ており、ご存じのようにポリエチレンは意外なほど多くの薬剤に強いです。であればまな板自体にやぐらの棒を差し込み、自由に棒を立てることができれば便利ではないでしょうか？

　しかし当然問題はあり、まな板の素材であるポリエチレンは熱に弱く、強度もないプラスチック、そのままねじ穴を切ったところで使い物にはなりません。そこで今回はワッシャーとイリサートという金具を追加します。

　イリサートという金具は耳慣れませんが、簡単に言うと木材やコンクリートなどにねじ穴を取りつける金具で、ネジの中にネジ穴が彫ってあるようなものだと考えてください。上部にマイナスドライバーをひっかける穴があり、適当なサイズの穴を開けて、そこにイリサートをマイナスドライバーで入れていくと、そこにイリサートの内径のネジ穴が出来上がるという寸法です。

　しかし、まな板はイリサートだけの強度では金属の棒を支えきれないため、大型のワッシャーを噛ませます。ワッシャーは、棒の荷重をねじ穴ではなくワッシャー全体の「面」にかかるようにしてくれます。

　ただ、今回の工作では、大型のワッシャーでないと信頼できる安定性には至らなかったので、実際に作る場合は5cm程度の大型ワッシャーを2、3枚噛ませた状態にしておくほうが良さそうです。

　こうした棒を立てる穴をいくつか作っておけば、実験に応じてフレキシブルに棒の位置を変えた実験装置を組むことができ、非常に便利です。

●巻末付録●
お役立ち！ 実験器具＆電子パーツ入手先リスト

工具・実験器具系

* **モノタロウ** （http://www.monotaro.com）

  ネジや工具など DIY 用品を安価に調達可能。国内では最も品揃えが良い。ビーカーなどのガラス器具も扱っており非常に便利。

* **テックジャム** （http://www.tech-jam.com/）

  理化学機器専門オンラインショップ。ガラス器具の調達に最適。

* **ニラコ** （http://nilaco.jp/jp/）

  実験用の金属・合金を手広く扱っているオンラインサイト。白金線やタングステン線などを小売りしている。

電子部品系

* **秋月電子通商** （http://akizukidenshi.com）

  古くからある電子部品、電子工作キット販売店。秋葉原に店舗を持つが、混んでいる場合が多く、オンラインショップは大変便利。

* **千石電商** （https://www.sengoku.co.jp/）

  秋月電子通商にはない専門的な部品が多い。抵抗、コンデンサ、IC など品揃えが充実している。

* **RS オンライン** （http://jp.rs-online.com/）

  電子部品のオンラインショップ。極めて大量の電子部品を在庫しており、様々なメーカーの部品を調達可能。日本国内で利用するには最も便利なサイト。

* **Digikey** （http://www.digikey.jp/）

  アメリカのオンライン電子部品ショップの大御所。海外であるため、商品の到着に時間がかかる。

* **Mouser** （http://www.mouser.jp/）

  Digikey と同様の、アメリカのオンライン電子部品ショップ。Digikey に在庫のないマニアックな電材も扱っている。

* **チップワンストップ** （http://www.chip1stop.com/）

  日本の会社が運営するオンラインショップ。時々、安価な掘り出し物がある。

オークション系サイト

* **ヤフオク！**（http://auctions.yahoo.co.jp/）

  言わずと知れた国内最大のオークションサイト。あらゆるものが安価に調達可能。実験器具類も豊富であり、思わぬものが安価に調達できることも。

* **eBay**（http://www.ebay.com/）

  世界最大規模のオークションサイト。レーザーや特殊な高電圧部品など、日本国内では調達不可能な部材も数多く出品されている。

* **Taobao**（http://www.taobao.com）

  中国のオークションサイト。工業材料を提供しているメーカーもあり、超音波振動子や高圧コンデンサなどが安価に調達可能。※ただし、サイトは中国語

* **AliExpress**（http://ja.aliexpress.com/）

  近年急速に業績を伸ばしている中国系オンラインショップ。ありとあらゆる商材を扱っており、何でも手に入る。金属地金なども安価。

著者紹介
早稲田大学本庄高等学院 実験開発班

＊影森 徹（かげもり・とおる）

早稲田大学本庄高等学院で物理を教えるかたわら、理科主任も務める。

実験を基に授業を進める独自の教育方法には多くの関心が寄せられており、小中学校の先生への実験指導を行う他、顧問を務める理科部からは多くのサイエンスコンペティション入賞者を輩出している。

元上智大学理工学部非常勤講師、元日本物理教育学会常務理事

＊荻野 剛（おぎの・ごう）

2010年、日本初、独自開発した手製テスラコイルの音階制御、発表に成功。

千代田区主催の「3331 Arts Chiyoda」のエクストリームDIYにて、テスラコイルでの多重演奏に成功し、新時代の超楽器として話題を呼ぶなど、もの作りの分野では金属加工から電子制御に至るまでオールマイティにこなす達人として知られる。現在は早稲田大学本庄高等学院にてSSHの指導もこなす。

近年は無線送電の革新的な発見が認められ、電気情報通信学会で発表をするなど、幅広い活動をしている。

＊中川 基（なかがわ・はじめ）

生物化学系の実験実習をメインとするサイエンスライター・作家。

奈良先端科学技術大学院大学、日本薬学生連盟(APS-Japan)、河合塾、和光大学などで講演活動を行う。近著には『本当にコワイ？ 食べものの正体』（すばる舎リンケージ）、『薬局で買うべき薬、買ってはいけない薬』（ディスカヴァー・トゥエンティワン）があり、後者は中国語版も出るほどのベストセラーに。別名義では漫画やドラマ、映画などの科学監修の他、マッドサイエンス的な著書も多数。

ブックデザイン
　ATOM☆STUDIO 熊谷菜穂美

本文図版
　李 佳珍

＊本書に掲載されている一部実験は、月刊「化学」（化学同人）Vol.68 No.1 〜 12（2013）
　に掲載されたものを基に、追加・加筆したものです。

魅了する 科学実験

2015 年 8 月 24 日　第 1 刷発行
2017 年 5 月 21 日　第 2 刷発行

著　　者　早稲田大学本庄高等学院 実験開発班
発行者　八谷 智範
発行所　株式会社すばる舎リンケージ
　　　　〒 170-0013　東京都豊島区東池袋 3-9-7 東池袋織本ビル 1 階
　　　　TEL 03-6907-7827
　　　　FAX 03-6907-7877
　　　　http://www.subarusya-linkage.jp
発売元　株式会社すばる舎
　　　　〒 170-0013　東京都豊島区東池袋 3-9-7 東池袋織本ビル
　　　　TEL 03-3981-8651（代表）
　　　　　　　03-3981-0767（営業部直通）
　　　　振替00140-7-116563
印　　刷　株式会社シナノ

乱丁・落丁本はお取り替えいたします。
ⓒ Hajime Nakagawa 2015 Printed in Japan
ISBN978-4-7991-0444-6